Waniorek · Erste Hilfe für Katzen

Linda Waniorek

# Erste Hilfe für Katzen

Müller Rüschlikon

Einbandgestaltung: IMAGO, CH-6302 Zug

Titelbild: Marianne Sock
Inhaltsfotos: Axel Waniorek

Mitarbeit: Birgit Waniorek

ISBN 3-275-01246-0

1. Auflage 1997



Lektorat: Dr. Marta Jacober
Herstellung: Hermann Lambrecht
Satz: F. X. Stückle, D-77955 Ettenheim
Druck und Bindung: Studiodruck, D-72622 Nürtingen
Printed in Germany

# Inhaltsverzeichnis

# Erste Hilfe auch für Katzen!

Jedes Jahr verunglücken Tausende von Katzen auf der Straße, in der Natur oder im Haus oder erkranken an mehr oder weniger lebensbedrohlichen Krankheiten. Viele dieser Tiere sterben unnötigerweise, weil keine Hilfe geleistet wird. Dabei könnten bei schneller und richtiger Hilfe viele Katzen überleben. Leider wissen immer noch viele Katzenbesitzer nicht, wie sie ihrer Katze bei einem Unfall oder einer Erkrankung sinnvoll helfen können. Dabei kann Erste Hilfe der Katze das Leben retten, Schäden verhindern oder mildern und sie vor unnötigen Schmerzen und Unwohlsein bewahren.
Jeder Katzenbesitzer sollte die Grundkenntnisse in Erster Hilfe für Unfälle und Krankheiten von Katzen haben, um seinem Tier sofort beizustehen. Damit Ihre Erste Hilfe wirksam und dem Tier zuträglich ist, müssen Sie feststellen, was passiert ist und welche Verletzungen oder Erkrankungen vorliegen. Dieses Buch zeigt, wie Sie mit Erster Hilfe und Pflege Ihre Katzenlieblinge beschützen können.

## Kontaktaufnahme zu verletzten und kranken Katzen

Wenn die eigene Katze verletzt oder krank nach Hause kommt, wenn Sie sie in einem dieser Zustände auf der Straße oder im Haus vorfinden, oder aber wenn Sie eine fremde Katze in Not sehen, sollten Sie Erste Hilfe leisten. Diese beginnt immer mit der Kontaktaufnahme.

Liegt die Katze noch auf der Straße, müssen Sie besonders vorsichtig vorgehen. Halten Sie möglichst am Straßenrand oder einem Parkplatz. Schalten Sie die Warnblinkanlage ein, stellen Sie – wenn Sie auf der Straße stehen – ein Warndreieck auf. So schützen Sie sich und andere Verkehrsteil-

nehmer, aber auch die verletzte Katze. Nun versuchen Sie, die Katze möglichst schnell – also noch vor einer ersten Untersuchung – aus der Gefahrenzone zu bringen.
Die Kontaktaufnahme bei Katzen ist nicht immer einfach. Bei Verletzungen, Schmerzen oder Streß kann sich auch die eigene, sonst sehr verschmuste Katze ängstlich zeigen, fliehen wollen oder sogar aggressiv reagieren. Bei ohnehin schon schwierigen Katzen ist die Kontaktaufnahme noch schwerer und somit auch die Erste Hilfe. Eine fremde Katze ist nicht so leicht einzuschätzen, da sie körperlich beeinträchtigt ist und auch noch Kontakt zu einem fremden Menschen aufnehmen soll. Die richtige Kontaktaufnahme ist daher in diesem Fall besonders wichtig, damit nicht weitere gesundheitliche Schäden entstehen, das Tier nicht entläuft und dann nicht mehr gefangen werden kann, aber auch, um Verletzungen des Helfers zu vermeiden.
Die Kontaktaufnahme muß sorgfältig auf das Verhalten der Katze abgestimmt werden. Beobachten Sie die Katze genau und passen Sie Ihr Verhalten dem Verhalten der Katze an. Die Katze als intelligentes Wesen reagiert auf unseren gesamten Körper, also auf unsere Haltung (Körpersprache), auf unseren Geruch (in dieser Situation nicht zu verändern) und auf unsere Sprache. Wir können also trotz der Streßsituation die Katze positiv oder negativ beeinflussen.
Wenn Sie ein verletztes Tier finden und es ängstlich oder aggressiv reagiert, beachten Sie die nachfolgenden Punkte:
Um den Größenunterschied zwischen Mensch und Tier zu verringern und damit für die Katze weniger bedrohlich zu wirken, gehen Sie in die Hocke. Sich auf den Boden zu legen, ist meist nicht angezeigt, da Sie, wenn die Katze wegläuft, länger brauchen um aufzustehen. Diese Zeit kann ausreichend sein, um sie aus den Augen zu verlieren. Während Sie in die Hocke gehen, halten Sie etwas mehr Abstand. Nähern Sie sich dem Tier in Hockestellung auf etwas mehr als Armeslänge. Dann strecken Sie langsam den Arm vor, die Handinnenfläche zeigt nach oben. Sprechen Sie während des gesamten Vorganges beruhigend mit leiser Stimme auf das Tier ein. Sobald es Anstalten zur Flucht macht, bewegen Sie sich nicht mehr, bis es sich wieder etwas beruhigt hat. Dann fahren Sie mit der Annäherung fort. Lassen Sie das Tier an Ihrer Hand schnuppern, bevor Sie es anfassen.
Für die Kontaktaufnahme ist es sehr wichtig, daß Sie ruhig und entspannt sind oder wenigstens

scheinen, denn Ihre Gefühle und Ihre Haltung übertragen sich auf das verletzte Tier. Hastige Bewegungen, eine laute, aufgeregte Stimme und Panik Ihrerseits machen das Tier nervös und ängstlich.
Nachdem Sie so Kontakt aufgenommen haben, beruhigen Sie die Katze und versuchen, sie anzufassen. Sprechen Sie weiterhin mit leiser, ruhiger, möglichst tiefer Stimme auf sie ein. Wenn die Katze ruhig wird, können Sie vorsichtig mit der Untersuchung beginnen. Auch wenn sich die Katze nicht beruhigen läßt, wird mit dem Zuspruch fortgefahren.
Versuchen Sie nun langsam und vorsichtig, die Katze anzufassen. Läßt sie es zu, streicheln Sie ihr sanft über den Kopf. Wenn Sie ängstlich reagiert oder faucht, nähern Sie sich mit Ihrer Hand von hinten und beginnen mit dem Streicheln am hinteren Teil. Tasten Sie sich dann weiter vor, bis Sie die Katze gut anfassen können. Dabei achten Sie auf mögliche Veränderungen am Körper.
Wie man die Katze anfassen soll, richtet sich auch nach den Verletzungen. Das ist bei sichtbaren Verletzungen einfacher, da nur verhindert werden muß, dem Tier unnötige Schmerzen zuzufügen. Versuchen Sie, ständigen Körperkontakt zu der Katze zu halten, damit Sie merken, wenn sie fliehen will.

## Einfangen von verletzten Katzen

Nicht nur fremde Katzen, auch die eigenen Tiere können nach einem Unfall oder bei Krankheiten verstört reagieren und müssen erst eingefangen werden. Erst dann ist es möglich, die Erstversorgung vorzunehmen. Katzen einfangen ist nicht immer einfach und bedarf neben viel Geduld oft auch der Hilfe anderer Menschen und einiger Hilfsmittel.
Leider sind im Notfall oft die wirklich hilfreichen Dinge nicht zur Hand. Aber auch mit einfachen Mitteln kann eine verletzte Katze eingefangen werden.
Die Strategie richtet sich nach dem Benehmen der Katze und danach, ob es ein frischer Unfall ist oder die Verletzungen schon länger zurückliegen (die Katze wird dann eher fliehen).
Eine frisch verletzte Katze steht noch unter Schock, Futter ist also nur in seltenen Fällen hilfreich. Wenn die Katze durch ihr Verhalten anzeigt, daß sie aggressiv ist,

ist Vorsicht geboten. Ein Katzenbiß kann sehr schmerzhaft sein und starke Entzündungen zur Folge haben. Auf der anderen Seite fauchen und knurren verletzte Katzen oft vor Angst und Schmerzen, sind aber durchaus bereit, sich vom Helfer anfassen und aufnehmen zu lassen. Es liegt also an Ihrem Einfühlungsvermögen, den richtigen Weg zu finden. Wenn Sie die Katze selbstsicher und ruhig anfassen, wird sie vielfach auf Gegenwehr verzichten.
Ist dies nicht der Fall, oder haben Sie einfach Angst, das Tier zu berühren, nehmen Sie eine Decke, ein Handtuch oder Ihre Jacke. Nähern Sie sich der Katze vorsichtig und legen oder werfen Sie die Decke zügig über den gesamten Körper, einschließlich des Kopfes. Wickeln Sie die Katze nun schnell ein, damit sie nicht mehr weglaufen und Sie nicht beißen oder kratzen kann. Dann, wenn vorhanden, mit der Decke in einen Transportkorb oder einen Karton legen und diesen verschließen. Handschuhe schützen zwar die Hände, haben aber den Nachteil, daß Sie schlechter zugreifen können und die Katze

*Hilfsmittel*

Handtuch, Decke oder ein Kleidungsstück (Jacke), damit können Sie die Katze einwickeln oder zudecken.

Dicke Handschuhe (Leder- oder Arbeitshandschuhe), damit können Sie die Katze, ohne große Bißverletzungen und Kratzer zu riskieren, anfassen.

Netz, Sie können es über die Katze werfen.

Futter (möglichst verschiedene Sorten wie Dosenfutter, rohes Rindfleisch, gekochtes Hähnchen oder Fisch, eine Packung Trokkenfutter, um damit zu schütteln (viele Katzen kennen dieses Geräusch), um die Katze anzulocken oder in einen Raum oder eine Falle zu locken.

Karton oder Katzentransportkorb, Wäschekorb mit Handtuch (mit dem Handtuch wird der Wäschekorb zugedeckt und mit einem Band zugebunden), oder eine Klappbox, diese Dinge können Sie über die Katze stülpen und anschließend als Transportbehälter nutzen.

*Einer verletzten Katze muß man sich behutsam nähern, da sonst die Gefahr besteht, daß sie flüchtet.*

sich gegen den Griff wehrt. Sie müssen also möglichst einen Helfer haben, der Ihnen sofort einen Behälter reicht, in den Sie die Katze legen können. Eine eingewickelte Katze können Sie zur Not auch einige Zeit festhalten oder so über kurze Strecken transportieren.

Läßt die Katze Sie nicht soweit in die Nähe, daß Sie sie einfangen können, müssen Sie versuchen, sie entweder in einen Raum zu treiben oder in einen Bereich, in dem Sie ihr auf einer oder mehreren Seiten den Fluchtweg abschneiden. Hierbei sind Helfer von Vorteil, da die Katze dann eher in einer Ecke Zuflucht sucht. Nun gehen Sie wie oben vor oder versuchen Sie, einen Wäschekorb oder Karton über die Katze zu stülpen. Dann schieben Sie eine Decke so unter Katze und Wäschekorb, daß die Katze auf der Decke liegt. Die Decke wird an den Seiten hochgezogen und der Korb oder Karton umgedreht. Dies muß sehr vorsichtig geschehen, da Katzen auch in Panik die kleinsten Löcher finden. Manchmal genügt es bereits, die Katze in die Nähe eines abgedeckten Transportkorbes zu treiben. Mit etwas Glück kriecht sie hinein, um sich zu verstecken. Sie können dann – möglichst mit einem langen Stock – vorsichtig und zügig die Tür schließen.

Tierschutzvereine, Tierschutzorganisationen und private Katzenschützer können Sie beraten, wie Sie eine verletzte oder kranke Katze einfangen können, und Ihnen im Notfall auch helfen. Dort kann auf Ihre spezielle Situation eingegangen werden und meistens werden auch Katzenfallen ausgeliehen, in denen das Tier ohne weitere Verletzungen eingefangen und darin gleichzeitig zum Tierarzt transportiert werden kann. Weisen Sie den Tierarzt darauf hin, daß die Katze aggressiv oder ängstlich reagiert.

Eine verletzte Katze sollten Sie, zumindest wenn sie fliehen will oder aggressiv ist, in geschlossenen Räumen untersuchen, da sie sonst wegläuft.

Ruhe und Vorsicht ist bei der gesamten Aktion angezeigt, da Streß und Hektik den Schock verschlimmern und grobe Behandlung weitere Verletzungen verursachen kann.

# Die eigene Diagnose und Hilfestellung für den Tierarzt

Die endgültige Diagnose wird in den meisten Fällen der Tierarzt stellen. Aber für die Erste Hilfe sind genaue Beobachtung und eine erste Diagnose sehr wichtig. Auch geben diese Beobachtungen dem Tierarzt Anhaltspunkte für eine schnelle und richtige Diagnose und rasche Behandlung.

Ruhe bewahren und sich einen Überblick verschaffen, sind die Grundvoraussetzungen für sinnvolle Erste Hilfe, denn planloses Handeln kann mehr schaden als nützen. Verschaffen Sie sich also im Ernstfall einen Überblick über die Situation.

* Wie sieht die Unfallstelle aus (muß die Katze an eine sichere Stelle gebracht werden)?
* Muß die Katze erst aus einer Zwangslage befreit werden?
* Was kann passiert sein?
* Welche Hilfsmittel brauchen Sie?
* Brauchen Sie weitere Helfer?

Für eine vorläufige Diagnose müssen verschiedene Dinge beachtet werden.

## Der erste Eindruck

Er beschränkt sich in der Regel erst einmal auf das, was man sieht. Sie müssen also die Katze beobachten, um zu erkennen, ob sie überhaupt verletzt oder krank ist und zu entscheiden, wie man die Katze anfassen und untersuchen kann.

* Ist die Katze bewußtlos – nicht jede Katze, die regungslos auf der Seite liegt ist tot – kontrollieren Sie, ob sie noch lebt (Atmung, Puls).
* Wirkt die Katze verstört, verängstigt oder aggressiv, verläßt aber die Unfallstelle nicht?
* Liegt die Katze am Straßenrand, und Autos fahren vorbei?

* Verkriecht die Katze sich in anliegenden Gärten oder im Gebüsch?
* Atmet die Katze mühsam oder durch das Schnäuzchen, hechelt sie?
* Ist Blut zu sehen?
* Wo tritt das Blut aus?
* Tritt viel Blut aus einer Wunde aus?
* Hat die Katze offene Wunden?
* Humpelt die Katze?
* Speichelt die Katze?
* Hat die Katze Schaum vor dem Mund (keine Bläschen durch Mundatmung und Speichel)?
* Hat die Katze Krämpfe, die oft nach wenigen Sekunden oder Minuten wieder aufhören?
* Sind die Bewegungen unkontrolliert?
* Reagiert die Katze auf Sie oder ihre Umgebung, hebt sie den Kopf, schaut sie Sie an?
* Reagiert die Katze auf Geräusche?
* Ist die Katze abgemagert?
* Kommt sie nach Hause und versteckt sich oder kommt sie nicht ins Haus, ist aber in der Umgebung zu sehen?

## Die erste Untersuchung

Nachdem Sie sich einen ersten Eindruck verschafft haben, beginnen Sie vorsichtig, die Katze zu untersuchen. Auch dabei müssen Sie auf verschiedene Dinge achten.

Anhand dieser Beobachtungen und Untersuchungen können Sie die erforderliche Erste Hilfe leisten und weitere Maßnahmen einleiten, beispielsweise zum Tierarzt fahren.

* Läßt die Katze sich anfassen (eventuell Schmerzen)?
* Reagiert sie auf Berührungen normal (Kopf reiben, schnurren, Schwänzchen hoch)?
* Zuckt die Katze bei Berührung einzelner Körperteile zusammen?
* Wenn Blut zu sehen ist, woher kommt es (genaue Lokalisation)?
* Sind einzelne Körperteile abgeknickt (Beine, Schwanz, Unterkiefer)?
* Erbricht die Katze, wenn ja, wie sieht das Erbrochene aus?
* Hat sie Durchfall (verschmierter Po)?
* Hat sie Fieber (heiße Ohren)?

* Ist die ganze Katze sehr kalt (Untertemperatur) oder sind nur einzelne Körperteile sehr kalt (evtl. Lähmung)?
* Wird die Katze plötzlich apathisch?
* Verweigert sie die Nahrung?
* Ist die Katze ausgetrocknet (siehe Seite 71)?
* Reagiert sie plötzlich ganz anders, zutrauliche Katzen lassen sich nicht mehr, aggressive Katzen plötzlich anfassen?

### Was Sie noch beachten müssen

* Hat die Katze angesaugte Zitzen, d. h. sie stehen deutlich hervor und sind leicht bis stärker geschwollen, oft sind die Haare in der Nähe verklebt – dann sollten Sie sich auch um die jungen Katzen kümmern (suchen, Tierschutzverein benachrichtigen, Leute in der Umgebung fragen)
* Ist die Katze tätowiert in einem oder in beiden Ohren: anhand der Nummer kann der Tierschutzverein, die Registrierstellen (Adressen beim Tierschutzverein) oder ein Tierarzt oft den Besitzer ausfindig machen.

## So deuten Sie Anzeichen und Symptome richtig

Um eine richtige Diagnose stellen zu können und angemessene Erste Hilfe zu leisten, ist es wichtig, daß die Anzeichen und Symptome richtig erkannt und beurteilt werden. Beobachten Sie die Katze genau, um die Symptome möglichst eindeutig zu ermitteln. Die Symptome eindeutig einer Krankheit oder Verletzung zuzuordnen ist nicht immer einfach, da Anzeichen und Symptome oft auch verschiedene Ursachen haben können. Eine falsche Beurteilung kann schwere Folgen haben. Nicht immer treten alle Symptome der entsprechenden Krankheit oder Verletzung gleichzeitig auf. Teilweise fehlen Symptome ganz oder werden durch andere überdeckt. Verletzungen und Krankheiten deuten sich durch einige Symptome an, die weiteren Symptome erscheinen erst im Verlauf der Krankheit. Dies erschwert oft die Erste Hilfe, da der

Katzenbesitzer nicht so einfach erkennen kann, um welche Verletzung oder Krankheit es sich handelt und ob Erste Hilfe sinnvoll ist oder nicht.
Aber nicht alle im folgenden angegebenen Symptome müssen zwangsläufig eine schwere Erkrankung anzeigen. So gibt es beispielsweise Katzen, die vor lauter Begeisterung stark speicheln, sie trielen, dies ist dann kein Zeichen für eine eventuelle Vergiftung, sondern für besonders positive Gefühle. Eine Katze kann humpeln, weil sie sich beim Sprung wehgetan hat. Nach einigen Metern oder einigen Minuten läuft sie wieder ganz normal. Auch werden Sie nicht alle Symptome finden, die Sie möglicherweise schon einmal bei Ihrer Katze beobachtet haben.
In diesem Kapitel finden Sie in alphabetischer Reihenfolge die einzelnen Symptome, die mögliche Ursache und die Seite im Buch, an der die Erste-Hilfe-Maßnahmen beschrieben sind, aufgeführt. In den einzelnen Kapiteln werden die Symptome ausführlich beschrieben, so daß Sie einige Erkrankungen oder Verletzungen anhand der weiteren Symptome erkennen oder ausschließen können und so eine genauere Diagnose möglich ist. Ist keine Erste Hilfe angegeben, so handelt es sich um eine mögliche Erkrankung, die der Tierarzt oder Tierheilpraktiker diagnostizieren und behandeln sollte.
Teilweise sind Krankheiten bei Symptomen angegeben, die vom medizinischen Standpunkt nicht dort hingehören, auf den Laien aber so wirken, beispielsweise bei Lähmung des Unterkiefers – Fremdkörper im Mäulchen; bei Durchfall – Milch getrunken; bei Appetitlosigkeit – Katzenseuche, die Katze hat Schmerzen. Dies soll Ihnen die Erkennung erleichtern oder auf die Ursache hinweisen.

| *Symptom* | *mögliche Ursachen* | *Erste Hilfe* Seite |
| --- | --- | --- |
| Abmagerung | Durchfall | 72 |
| | Erbrechen | 70 |
| | Ernährung, schlecht | 113 |
| | FIP | 64 |
| | Leukose | 68 |
| | Nahrungsverweigerung | 129 |
| | Parasiten | |
| | Trauer | |
| | Würmer | |
| | Zeit der Rolligkeit | |
| After (blutig, rot, geschwollen, verklebt) | Darmvorfall | |
| | Durchfall | 72 |
| | Insektenstich | 94 |
| | Verletzung | 53 |
| Aggressivität | Angst | |
| | Schmerzen | |
| | Streß | |
| Angst | Lebererkrankungen | 82 |
| | Nierenerkrankungen | 81 |
| | Schmerzen | |
| | Streß | |
| | Unfall | 52, 55 |
| Apathie | Fieber | 45 |
| | Herz/Kreislaufprobleme | 76 |
| | Infektion | 63 |
| | Schock | 52 |
| | Unfall | 52, 55 |
| | Trauer | |
| Appetitlosigkeit | Fremdkörper im Mund/Hals | 44 |
| | Halsschmerzen | 63 |
| | Infektion | 63 |

| *Symptom* | *mögliche Ursachen* | *Erste Hilfe* Seite |
|---|---|---|
| Appetitlosigkeit | Katzenseuche | 67 |
| | Lebererkrankungen | 82 |
| | Magen-Darmerkrankung | 70 |
| | Nierenerkrankungen | 81 |
| | Schmerzen | |
| | Vergiftung | 60 |
| | Trauer | |
| | Zahnfleischentzündung | 68 |
| Atemnot | Bakterien im Magen | 95 |
| | Fieber | 45 |
| | FIP, bereits viel Wasser im Bauch | 64 |
| | Fremdkörper im Hals | 44 |
| | Herz-Kreislaufbeschwerden | 76 |
| | Infektionen | 63 |
| | Katzenschnupfen | 66 |
| | Lungenerkrankungen | 69 |
| | Magen-Darmverschluß | 97 |
| | Magendrehung | 98 |
| | Streß | |
| | Unfall | 52, 55 |
| Atemstillstand | Herz/Kreislauf-erkrankungen | 76 |
| | Schock | 52 |
| | schwere Infektionen | 63 |
| | Streß | |
| | Unfall | 52, 55 |
| Atmung beschleunigt | Fieber | 45 |
| | FIP | 64 |
| | Herz/Kreislaufprobleme | 76 |
| | Infektion | 63 |
| | Lungenentzündung | 69 |
| | Unfall | 52, 55 |

| *Symptom* | *mögliche Ursachen* | *Erste Hilfe* Seite |
|---|---|---|
| Atmung verlangsamt | Fieber | 45 |
| | Herz/Kreislaufprobleme | 76 |
| | Infektion | 63 |
| | Lungenentzündung | 69 |
| | Schock | 52 |
| | Unfall | 52, 55 |
| | Untertemperatur | 127 |
| Augen | Entzündungen | 83 |
| – Umgebung rot, entzündet, eitrig | Katzenschnupfen | 66 |
| | Verletzung | 83 |
| – Umgebung blaß | Anämie | |
| | Austrocknung | 71 |
| | Leukose | 68 |
| | Parasiten | |
| | Würmer | |
| – Umgebung gelb | FIP | 64 |
| | Gelbsucht | 82 |
| | Lebererkrankung | 82 |
| Augen (selbst; Hornhautverletzung, Loch in der Hornhaut) | Gewalteinwirkung | 83 |
| | Katzenschnupfen, nicht ausgeheilt | 66 |
| | Verletzung | 83 |
| – blutunterlaufen (von innen) | FIP | 64 |
| | Gewalteinwirkung | 83 |
| – gelb | FIP | 64 |
| | Gelbsucht | 82 |
| | Lebererkrankung | 82 |
| – vergrößert | Augenflüssigkeit kann nicht abfließen | 85 |
| | Tumor | |

| *Symptom* | *mögliche Ursachen* | *Erste Hilfe* Seite |
|---|---|---|
| Augen | | |
| – vergrößert | Diabetes (Zuckererkrankung) | |
| – Flecken | Lebererkrankungen | 86 |
| | Tumor | |
| Pupillen | siehe Pupillen | |
| Ausfluß (Scheide) | Fehlgeburt | 100 |
| | Gebärmuttervereiterung | 107 |
| | Unterbauchverletzung | 55 |
| Austrocknung | Durchfall | 72 |
| | Erbrechen | 70 |
| | Futtermangel | |
| | Infektion | 63 |
| | Leukose | 68 |
| | Magen-Darminfektion | 70 |
| | Stoffwechselstörungen | 82 |
| | Verletzungen | 53 |
| | mit Nahrungsverweigerung | |
| Ballen (blaß) | Herz-Kreislaufprobleme | 76 |
| | Leukose | 68 |
| | Parasiten | |
| | Schock | 52 |
| | Würmer | |
| – rötlichblau, Haut aufgeplatzt | Erfrierungen | |
| – rot, Blasen, Haut verletzt | Verätzungen | 53 |
| | Verbrennungen | 53 |
| | Verletzungen | 53 |
| Bauch aufgebläht | Bakterien im Magen | 95 |
| | Blähungen | 70 |
| | FIP | 64 |
| | Gewebeschwäche | 114 |

| *Symptom* | *mögliche Ursachen* | *Erste Hilfe* Seite |
|---|---|---|
| Bauch aufgebläht | Magen-Darmerkrankungen | 70 |
| | Magen-Darmverschluß | 97 |
| | Parasiten | |
| | Rachitis | |
| | Trächtigkeit | 99 |
| | Würmer | |
| Bauchnabel verdickt | Nabelbruch | |
| Bauchschmerzen | Blähungen | 70 |
| | FIP | 64 |
| | Fremdkörper im Magen | 97 |
| | Magen-Darminfektion | 70 |
| | Verletzungen | 52 |
| Bewegungen unkontrolliert | Brüche | 55 |
| | Gehirnerschütterung | 58, 97 |
| | Gehirnhautentzündung | 97 |
| | Hitzschlag | 80 |
| | Krämpfe | 96 |
| | Lähmungen | |
| | Schädelverletzungen | 97 |
| Beine abgeknickt | Bruch | 55 |
| | Lähmung | |
| | Nervenverletzung | |
| Bewußtlosigkeit | Epilepsie | 96 |
| | Fieber | 45 |
| | Gehirnhautentzündung | 97 |
| | Herz-Kreislaufzusammenbruch | 76, 88 |
| | Hitzschlag | 80 |
| | Infektion | 63 |
| | Vergiftung | 60 |
| | Unfall | 52, 55 |
| | Untertemperatur | 127 |

| *Symptom* | *mögliche Ursachen* | *Erste Hilfe* Seite |
|---|---|---|
| Blut im Urin | Nierenerkrankungen | 81 |
| | Unterbauchverletzungen | 55 |
| | Verletzungen der Blase | 55 |
| | Nieren oder Harnwege | 81 |
| Blutungen – Darm | Darmleukose | 68 |
| | Durchfall | 71 |
| | Hakenwürmer | |
| | Hämorrhoiden | |
| | Krebs | |
| | Parasiten (andere) | |
| | Unterbauchverletzungen | 55 |
| | Verletzung durch Fremdkörper wie Knochensplitter | 97 |
| – Mund | Blutsturz | |
| | Magenprobleme | 70 |
| | Unfall | 52, 55 |
| | Verletzungen | 52 |
| | Zahnprobleme | |
| – Nase | Gewächse in der Nase | |
| | Katzenschnupfen | 66 |
| | Nasenschleimhäute gereizt | |
| | Unfall | 52, 55, 58 |
| | Schlag | 52, 55, 58 |
| Brechreiz | siehe Erbrechen | |
| Drittes Augenlid fällt vors Auge | Lähmung | 86 |
| | Verletzung | 85 |
| | Schwäche durch Krankheit beispielsweise Infektion | |
| | trockene Luft im Winter | |
| | Würmer | |
| Durchfall | Bauchspeicheldrüse | 82 |
| | Futter, falsch oder kalt | 113 |

| *Symptom* | *mögliche Ursachen* | *Erste Hilfe* Seite |
|---|---|---|
| Durchfall | Katzenseuche | 67 |
| | Lebererkrankungen | 82 |
| | Magen-Darminfektion | 71 |
| | Milch gegeben | 114 |
| | Parasiten im Darm | |
| | Vergiftung | 60 |
| | Würmer | |
| Durst | Bauchspeicheldrüse | 82 |
| | FIP | 64 |
| | Gebärmuttervereiterung | 107 |
| | Nierenerkrankung | 81 |
| | stark gewürztes Futter | 113 |
| | Trockenfutter, viel | 113 |
| | Diabetes (Zucker) | |
| Durst, aber trinkt nicht | Katzenseuche | 67 |
| Erbrechen | Fremdkörper im Hals oder Mund | 44 |
| | Gebärmuttervereiterung | 107 |
| | Herz-Kreislauferkrankungen | 76 |
| | Magen-Darminfektion | 70 |
| | Magen-Darmverschluß | 97 |
| | Nierenerkrankungen | 82 |
| | Streß | |
| | Vergiftung | 60 |
| – gelblich/weiß/ schaumig | Katzenseuche | 67 |
| | Streß | |
| Fell | | |
| – hart-strohig, naß | Fieber | 45 |
| | Todkrank | |
| | unfreiwilliger Aufenthalt im Wasser | |
| – schuppig | Nierenerkrankungen | 82 |

| *Symptom* | *mögliche Ursachen* | *Erste Hilfe* Seite |
|---|---|---|
| – seidig/samtig (plötzlich kurz vor dem Tod) | FIP (Endstadium) | 64 |
| Fieber | Entzündungen | |
| | Fremdkörper im Magen | 97 |
| | Infektionen verschiedener Art wie Katzenschnupfen Katzenseuche, FIP | 63 |
| | Vergiftungen | 60 |
| Freßsucht | Bauchspeicheldrüse | 82 |
| | Futterunverträglichkeit | 92 |
| | Magenerkrankungen | 70 |
| | Stoffwechselstörung | 82 |
| Gesäuge hart, heiß | Gesäugeentzündung | 107 |
| | Gesäugegeschwulst (nicht zu verwechseln mit geschwollenen Zitzen bei säugenden Katzen) | 106 |
| Gesichtsausdruck verändert, Augen leicht schräg gestellt | Angst | |
| | FIP | 64 |
| | Infektion | 63 |
| | Insektenstich | 94 |
| | Katzenseuche | 67 |
| | Schädelverletzungen | 58, 97 |
| | Schmerzen | |
| | Streß | |
| Gleichgewichtsstörungen | siehe Bewegungen unkontrolliert | |
| Haarausfall | Allergie | 92 |
| | alte Katzen | |

| *Symptom* | *mögliche Ursachen* | *Erste Hilfe* Seite |
|---|---|---|
| Haarausfall | Ekzem | 93 |
| | Flohhalsbänder | 92 |
| | Fellwechsel | |
| | Hormonstörung | |
| | Parasiten | |
| | Pilze | |
| Harnlassen häufig oder sehr selten | Blasenentzündung | 81 |
| | Harngrieß | |
| | Markieren | |
| | Nierenerkrankung | 81 |
| Harnlassen unkontrolliert | Altersschwäche | |
| | Bewußtlosigkeit nach Krämpfen | 89, 90 |
| | Schädelverletzungen | 58, 97 |
| | Schließmuskelschwäche | |
| | Wirbelsäulenverletzungen | 58 |
| Haut | Allergie | 92 |
| – schuppig | Futterunverträglichkeit | 92 |
| | Nierenerkrankung | 81 |
| – gelb | FIP | 64 |
| | Gelbsucht | 82 |
| Hecheln | Atemnot | 88 |
| | Brustkorbverletzung | 57 |
| | Hitze | 80 |
| | Hitzschlag | 80 |
| | Schädelverletzung | 58 |
| | Sonnenstich | 80 |
| | Streß | |
| Humpeln | Abszess | 87 |
| | Bruch | 55 |
| | Bruch offen | 57 |

| *Symptom* | *mögliche Ursachen* | *Erste Hilfe* Seite |
|---|---|---|
| Humpeln | Lähmung | |
| | Prellung | |
| | Verstauchung | |
| Husten | Erkältung | 66 |
| | Fremdkörper im Hals oder Mundraum | 44 |
| | Halsschmerzen | |
| | Katzenschnupfen | 66 |
| | Würmer | |
| Juckreiz | Allergie | 92 |
| | Ekzem | 92 |
| | Flöhe | 92 |
| | Nierenerkrankungen | 81 |
| | Parasiten | |
| Kot | | |
| – fettig-grau/gelb | Bauchspeicheldrüse | 82 |
| | Lebererkrankungen | 82 |
| – gelblich, grünlich | Katzenseuche | 67 |
| – dünn-wässrig | siehe Durchfall | |
| – zu hart | falsche Ernährung | 113 |
| | fehlende Bewegung | |
| | Fieber | 45 |
| Kratzen (oft bis aufs Blut, am Hals, hinter dem Ohr) | Allergie | 92 |
| | Flöhe | 92 |
| | Futterunverträglichkeit | 92 |
| | Gehörgangsentzündung | |
| | Ohrmilben | |
| | Nierenerkrankungen | 81 |
| | Pilzinfektionen | |
| Lähmungen | Operationen, einige Tage danach | 142 |
| – allgemein | Schädelverletzungen | 58, 97 |

| *Symptom* | *mögliche Ursachen* | *Erste Hilfe* Seite |
|---|---|---|
| Lähmungen – allgemein | Unfälle | 52, 55 |
| | Vergiftungen | 60 |
| | Wirbelsäulenverletzungen | 58 |
| – Pfoten | Beckenbruch | 56 |
| | Medikamentenreaktion (Narkosemittel) | 142 |
| | Nervenverletzung | |
| | Wirbelsäulenverletzung | 58 |
| – Unterkiefer | Fremdkörper im Mäulchen | 44 |
| | Kieferbruch | 57 |
| | Luxation (Auskugelung) | |
| | Narkoseschaden | 142 |
| | Prellung | |
| | Unterkieferbruch | 57 |
| Lecken am Körper | Allergie | 92 |
| | Juckreiz | 92 |
| | Parasiten | |
| | Verunreinigungen | |
| | Wunden | 53 |
| – Mund/Nase | Ausfluß, Mund | 55, 60, 97 |
| | Ausfluß, Nase | 55, 60, 66, 97 |
| | Erbrechen, kurz vorher | |
| | Fremdkörper im Mund | 44 |
| | Streß | |
| | Übelkeit | 71 |
| Lymphknoten verdickt | FIP | 64 |
| | Halsentzündung | 63 |
| | Infektion | 63 |
| | Leukose | 68 |
| Mager | siehe Abmagerung | |

| *Symptom* | *mögliche Ursachen* | *Erste Hilfe* Seite |
|---|---|---|
| Mundgeruch | Erbrechen, stark | 70 |
| | Futterunverträglichkeit | 92 |
| | Magen-Darmprobleme | 70 |
| | Mandel- oder Rachenentzündung | 63 |
| | Nierenerkrankungen | 81 |
| | Zahnerkrankungen | |
| | Zahnstein | |
| Nase | | |
| – Ausfluß dunkel verklebt | Darmprobleme | 70 |
| – flüssig, eitrig verstopft | Erkältung | 66 |
| | Katzenschnupfen | 66 |
| | Vergiftung | 60 |
| | Verletzung | 53 |
| Nickhaut | siehe drittes Augenlid | |
| Niesen | Allergie | 92 |
| | Erkältung | 66 |
| | Fremdkörper in der Nase | 44 |
| | Insektenstich | 94 |
| | Katzenschnupfen | 66 |
| | Verletzungen, leicht | 53 |
| Ohren (schütteln, kratzen, Schiefstellung, hinten aufgekratzt, Ausfluß (Blut, Eiter, klar-blutig) | Gehörgangsentzündung | |
| | Ohrmilben | |
| | Schädelverletzungen | 58, 97 |
| Pupillen (erweitert, ungleichmäßig, starr, groß, eng) | Gehirnerschütterung | 58, 97 |
| | Gehirnhautentzündung | 97 |
| | Gehirnverletzung | 58, 97 |

| *Symptom* | *mögliche Ursachen* | *Erste Hilfe* Seite |
|---|---|---|
| Pupillen | Infektion | 63 |
| | Schlag | 52, 55 |
| | Schmerzen | |
| | Unfall | 52, 55 |
| | Vergiftung | 60 |
| Schluckbeschwerden | Fremdkörper im Hals | 44 |
| | Halsschmerzen | 44, 63 |
| | Insektenstiche | 94 |
| | Katzenschnupfen (Schleim) | 66 |
| | Magen-Darmprobleme | 70 |
| | Zahnfleischentzündungen | 68 |
| | Zahnprobleme | |
| | Zahnstein | |
| Schmerzen | Infektionen | 63 |
| | Unfall | 52, 55 |
| | Vergiftungen | 60 |
| | Verletzungen | 52, 55 |
| | Wehen | 101 |
| Schnappatmung | Schädelverletzungen | 58, 97 |
| | Sonnenstich | 80 |
| | Todeskampf | |
| Schwellungen | Abszesse | 87 |
| | Bruch | 55 |
| | Gesäugeentzündung | 106 |
| | Prellungen | |
| | Schlag | 52, 55 |
| | Unfall | 52, 55 |
| Speichelfluß | Aufnahme unangenehm schmeckender Stoffe | 60 |
| | Erbrechen, kurz vorher | |
| | Fremdkörper im Hals | 44 |

| *Symptom* | *mögliche Ursachen* | *Erste Hilfe* Seite |
|---|---|---|
| Speichelfluß | Infektion | 63 |
| | Medikamentenreaktion | 92 |
| | Medikamentenunverträglichkeit | 92 |
| | Übelkeit | (siehe dort) |
| | Vergiftung | 60 |
| | Zahnprobleme | |
| Übelkeit | Erbrechen | 71 |
| | Lebererkrankung | 82 |
| | Magen-Darmerkrankungen | 70 |
| | Nierenerkrankung | 81 |
| | Schädelverletzung | 58, 97 |
| | Vergiftung | 60 |
| Unruhe | Angst | |
| | Fieber | 45 |
| | Geburt steht kurz bevor | 101 |
| | Hitzschlag | 80 |
| | Infektion | 63 |
| | Narkose (Einschlafphase) | 142 |
| | Narkose, nachher | 142 |
| | Rolligkeit | |
| | Schmerzen | |
| | Schock | 52 |
| | Streß | |
| Unterkühlung | Aufenthalt im Wasser | 127 |
| | Austrocknung | 127 |
| | Katzen, alte | |
| | Katzen, neugeboren ohne Mutter | 108, 127 |
| | Leukose | 68 |
| | Umgebung, kalt | |
| Untertemperatur | Aufenthalt im Wasser | 127 |
| | Infektionen verschiedener Art, ähnlich wie bei Fieber | 63 |

| *Symptom* | *mögliche Ursachen* | *Erste Hilfe* Seite |
|---|---|---|
| Untertemperatur | Kälte | 127 |
| | Leukose | 68 |
| Verbrennungen | Feuer | 118 |
| | Flüssigkeiten, heiß | 118 |
| | Hitze | 118 |
| | Sonnenbrand (oft an den Ohraußenseiten bei hellen Katzen) | 53 |
| Wunden offen | Abszess, aufgebrochen | 87 |
| | Allergien | 92 |
| | Fallen | |
| | Kampf mit anderen Tieren | |
| | kratzen | |
| | Schlag | 52, 55 |
| | Unfall | 52, 55 |
| | Verätzungen | 53 |
| | Verbrennungen | 53 |
| | Verletzungen | 52, 55 |
| Zahnfleisch – blaß | Anämie | |
| | Blutverlust | |
| | Herz-Kreislaufprobleme | 76 |
| | Infektionen | 63 |
| | Leukose | 68 |
| | Parasiten | |
| | Schock | 52 |
| | Streß | |
| | Würmer | |
| – entzündet | Leukose | 68 |
| | Magen/Darmprobleme | 70 |
| | Verletzungen | 52, 55 |
| | Zahnstein | |

# Erstversorgung verletzter oder kranker Katzen

Die Behandlung einer kranken Katze beginnt schon mit der Erstversorgung, die häufig noch am Unfallort vorgenommen werden muß. Sie soll und kann den Tierarzt und seine Behandlung nicht ersetzen, sondern die Behandlung durch den Tierarzt vorbereiten und unterstützen und oft das Leben der Katze retten. Ein Tierarzt wird auch nur in seltenen Fällen zur Stelle sein, wenn eine Katze verunglückt oder erkrankt. Oft führt eine fehlende oder falsche Erstversorgung zum unnötigen Tod des Tieres. Dies besonders dann, wenn starke Blutungen auftreten, die Katze im Schockzustand ist und die Atmung aussetzt.

## Verletzte Katzen lagern und transportieren

Verletzte und kranke Katzen müssen richtig gelagert und transportiert werden. Bei Verletzungen ist darauf zu achten, daß die Katze so liegt, daß die Verletzung nicht verschlimmert wird oder dem Tier unnötige Schmerzen entstehen. Versuchen Sie, das Tier möglichst wenig zu bewegen, also beispielsweise gleich auf eine Decke oder ein Brett legen, das, wenn erforderlich, als Trage benutzt werden kann.
Bei Unfallkatzen muß das Tier häufig erst einmal aus der Gefahrenzone (Straße) gebracht werden. So schützen Sie sich und die Katze während der Ersten Hilfe. Das ist bei bewußtlosen Katzen einfach, ansonsten gehen Sie ruhig und langsam auf die Katze zu. Nehmen Sie das Tier auf und legen Sie es – möglichst auf einer Decke – an einem ungefährlichen Platz ab. Nun können Sie die Katze genau ansehen, Erste Hilfe leisten und dann die Katze zudecken, um ein Auskühlen zu verhindern.

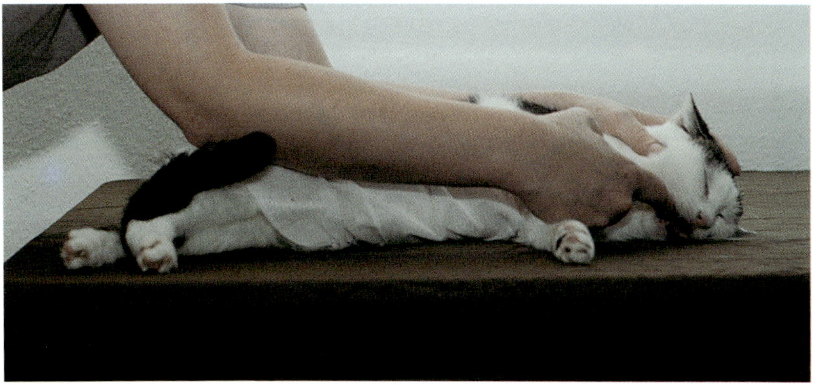

*Bei einer bewußtlosen Katze wird die Zunge nach vorne geschoben, um die Atmung zu erleichtern.*

## Lagerung von bewußtlosen Katzen

Legen Sie die Katze auf die Seite, den Kopf leicht nach hinten gebogen und etwas tiefer als der Körper. Schauen Sie in das Schnäuzchen, ob Erbrochenes vorhanden ist (dann sorgfältig entfernen, dazu benutzen Sie am besten einen Teelöffel aus Edelstahl. Diesen können Sie vorsichtig hinter das Erbrochene schieben und es dann herausziehen. Wenn Sie die Finger benutzen, besteht die Gefahr, daß sie es nur noch weiter in den Hals schieben und das Tier erstickt. Nun versuchen Sie, die Zunge nach vorne zu ziehen. So erleichtern Sie die Atmung. Auch während des Transportes sollte die Grundhaltung möglichst beibehalten werden. Stellen Sie also den Transportkorb im Auto so, daß die Katze nicht in sich zusammensinkt, dadurch wird die Atmung erneut erschwert oder unmöglich gemacht. Am besten ist es, wenn die Katze mit allen vier Pfoten in Sitzrichtung zeigt.

## Lagerung von verletzten Katzen

Wenn Brüche vorhanden sind oder Sie Verletzungen dieser Art vermuten, benutzen Sie eine Trage. Hierbei ist es wichtig darauf zu achten, daß die Katze nicht herunter fällt oder springt. Wenn Sie ein Handtuch verwenden, halten Sie die Seiten so weit hoch, daß die Katze nicht fallen kann. Bei einer festen Unterlage decken Sie die Katze mit beispielsweise

einem Handtuch zu und halten es zusammen mit der Trage fest, so daß die Katze nicht rutschen kann. Beachten Sie hierfür auch die Tips für Transportbehälter, damit die Katze sicher ans Ziel kommt.
Bei Wirbelsäulenverletzungen oder Verdacht auf eine solche Verletzung müssen Sie mit dem Tier sehr vorsichtig sein, um die Verletzung nicht noch zu verschlimmern. Transportieren Sie das Tier auf einer festen Unterlage und vermeiden Sie starke Erschütterungen.

## Der Transportbehälter und der Transport

Für den Transport sollte immer ein Katzentransportkorb verwendet werden. Die Anschaffung lohnt sich auch für eine einzige Katze, da es sonst immer wieder vorkommt, daß Katzen auf dem Weg zum Tierarzt verlorengehen, weil sie erschrecken und dem Besitzer vom Arm springen. Eine Katze, die sich frei im Auto bewegen kann, ist für Fahrer, Katze und andere Verkehrsteilnehmer eine große Gefahr. Sie kann den Fahrer während der Fahrt anspringen oder auf seinen Schoß klettern.
Auch wenn ein Weidenkorb sehr hübsch anzusehen ist, als Transportkorb für Tiere ist er weniger geeignet. Wählen Sie einen Kunststoffkorb mit seitlicher Öffnung, bei dem Sie die obere Hälfte abnehmen können. Diese Transportbehälter lassen sich gut reinigen – wichtig bei allen Infektionskrankheiten – und erleichtern dem Tierarzt die Arbeit, da er gut an das Tier herankommt. Außerdem ist er geschlossen, so daß die Katze sich zurückziehen kann und nicht durch äußere Einflüsse gestört wird wie in Drahtkäfigen. Für einen unvorhergesehenen Notfall bietet sich auch eine platzsparende, nützliche Lösung an. Legen Sie eine Klappbox, wie sie für Einkäufe sowieso praktisch ist, ins Auto und dazu eine Sperrholzplatte in der gleichen Größe. Damit können Sie die Klappbox abdecken und dann mit einem Spanner verschließen. Die Holzplatte können Sie auch als Trage benutzen.
Wenn ein Transportbehälter nicht greifbar ist, muß eine Notlösung gewählt werden, die die Erkrankung der Katze berücksichtigt, beispielsweise eine Decke oder eine improvisierte Trage. Als Trage eignen sich dünne Bretter oder starke Pappen. Ein Pappkarton kann an einer Seite aufgeschnitten und die Katze vorsichtig hineingezogen oder gelegt werden. Wenn der Karton nun wieder verschlossen wird, liegt die Katze dunkel, ist ruhiger und kann nicht so leicht weglaufen. Im

Notfall können Sie die Katze auch in eine Decke, ein Handtuch oder eine Jacke wickeln.
Ist keine Möglichkeit vorhanden, die Katze sicher einzupacken, empfiehlt es sich, wenigstens eine zweite Person mitzunehmen, die die Katze festhält. Eine Leine mit Geschirr wird von einigen Katzen akzeptiert, aber meist nur dann, wenn sie daran gewöhnt sind. Ansonsten besteht die Gefahr, daß sich die Katze in der Leine verheddert und sich selbst die Luft abschnürt, oder daß es zu Verletzungen kommt, wenn die Katze sich die Leine um die Beine wickelt und dann springt oder fällt. Auch besteht die Gefahr, daß die Katze aus dem Auto springt, wenn die Tür oder das Fenster geöffnet wird, und so entlaufen kann.
Halten Sie den Transportweg möglichst kurz, damit die Belastung für die kranke oder verletzte Katze nicht so groß ist. Entscheiden Sie also bevor Sie losfahren, wohin Sie die Katze bringen wollen. In Frage kommt:

* nach Hause,
* zum Tierarzt oder in eine Tierklinik, oft können Sie eine verletzte Fundkatze dort lassen oder man sagt Ihnen, an wen Sie sich wenden können.
* Das Tierheim, viele Tierheime haben eine Notaufnahme für Fundtiere und verletzte Tiere.

Vielleicht können Sie in schlimmen Fällen den Tierarzt rufen – leider weigern sich immer noch viele Tierärzte, im Falle einer verletzten oder kranken Katze zu kommen.
Wenn Sie eine verletzte Katze finden und nicht eindeutig zuordnen können, wohin das Tier gehört, halten Sie sich nicht damit auf, lange Zeit nach dem Besitzer zu suchen, bevor das Tier versorgt ist. Im Vordergrund steht das Wohlbefinden des Tieres.

## Blutungen stillen

Wenn eine kleine Verletzung mit leichter Blutung entstanden ist, bei der nach einigen Minuten die Krustenbildung beginnt, wird die Wunde von alleine abheilen.
Bei Katzen ist es sehr wichtig darauf zu achten, daß sich unter der Kruste kein Abszess bildet (siehe Seite 87).
Bei größeren Wunden wenn möglich die Wundränder zusammendrücken und einen Druckverband anlegen. Für großflächige Wunden eine möglichst nicht-

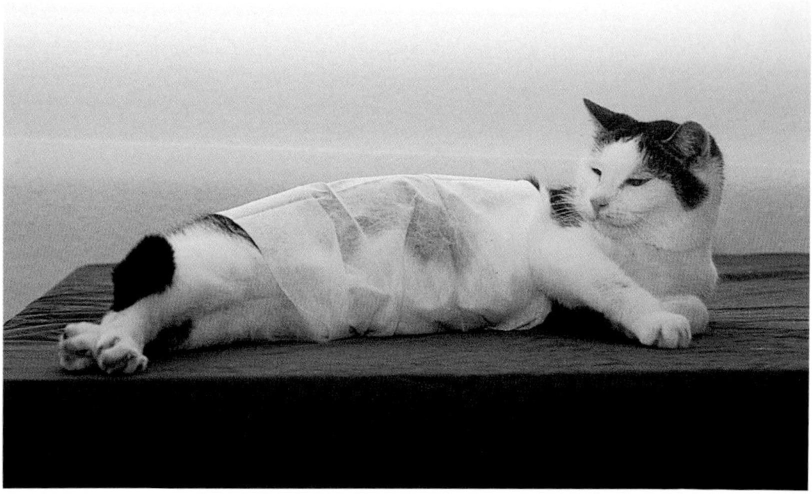

*Verletzungen am Körper werden steril abgedeckt.*

klebende Wundauflage verwenden und mit einer Mullbinde dick verbinden. Zusätzlich können Sie die Umgebung der Wunde kühlen, indem Sie Eiswürfel in ein Tuch geben und neben die Wunde legen, es eignet sich auch ein feuchtes, kaltes Tuch. Dadurch ziehen sich die Gefäße schneller zusammen. Kühlen Sie aber nicht zu stark und nicht zu lange.

Falls Sie kein Verbandsmaterial zur Hand haben, versuchen Sie, die Wunde mit den Händen zusammenzudrücken, bis die Blutung nachläßt.

Die so versorgte Wunde möglichst nicht mehr berühren, damit sie nicht erneut zu bluten beginnt. Stark blutende Wunden müssen immer vom Tierarzt behandelt werden.

Bei Blutungen, die aus dem Brust- oder Bauchraum kommen, wird kein Druckverband oder ähnliches angelegt, da sonst die Atmung erschwert werden könnte. Pressen Sie in diesem Fall die Wundauflage mit der Hand vorsichtig auf die Wunde.

Bei starken Blutungen im Schädelbereich die Blutung nicht stillen, da sonst das Blut nach innen fließen könnte. Falls möglich, können Sie im Halsbereich kühlen, ähnlich wie bei Nasenbluten eines Menschen.

# Verbände anlegen

Es ist sicher nicht immer einfach, einer Katze einen Verband anzulegen. Trotzdem ist es oft nötig, beispielsweise um Wunden abzudecken und vor Verschmutzung oder Kratzen und Lecken zu schützen. Weitgehend können Sie die Verbände so anlegen, wie Sie es im Erste-Hilfe-Kurs für Menschen gelernt haben.
Verbände sollten grundsätzlich nur so groß sein wie nötig, damit die Katze nicht unnötig irritiert wird. Ein Verband am Bein beispielsweise, belastet die Katze deutlich mehr, wenn auch der Fuß eingebunden ist, da die Katze dann schlechter laufen und sich nicht so gut kratzen kann. Alle Verbände müssen fest angelegt sein, dürfen aber nicht einschneiden und die Durchblutung stören, sonst können ernsthafte Probleme auftreten. Dazu gehören beispielsweise aufgescheuerte Wunden durch zu feste Ver-

*Mit einem Beinverband wird das verletzte Bein geschützt.*

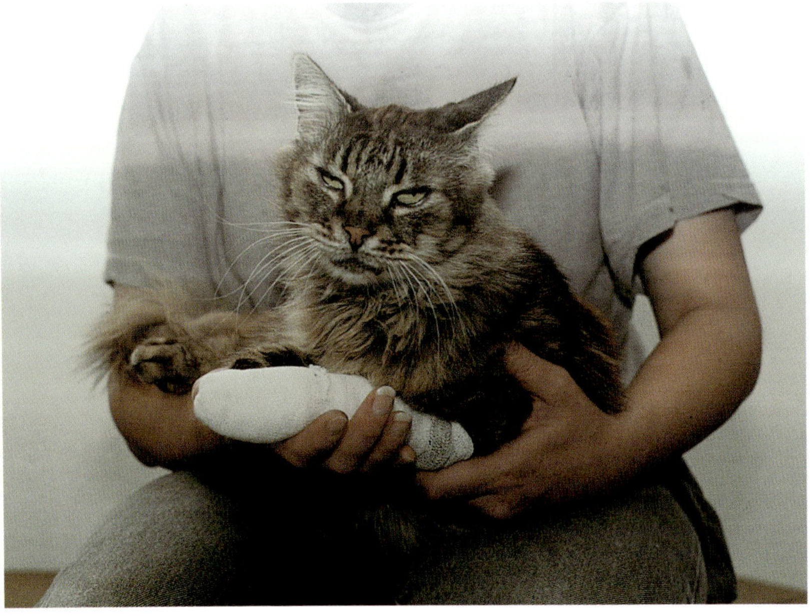

bände oder abgestorbene Gliedmaßen.
Wenn Sie einen Verband mit Leukoplast oder Klebeband am Körper fixieren, wickeln sie dieses nicht um den Körper herum, da Sie sonst die Blutzirkulation unterbinden könnten. Verwenden Sie nur Streifen, die Sie vom Verband auf den Katzenkörper kleben.

## Anlegen von Verbänden am Bein

Wenn Wunden vorhanden sind, diese säubern (siehe Seite 54), Haare in der Nähe mit einer kleinen Schere abschneiden und eine Wundauflage auflegen, die etwas größer ist als die Wunde. Das Bein, wenn erforderlich auch mit dem Fuß, mit der Watte umwickeln. Diese dann mit der elastischen Mullbinde umwickeln. Mit etwas Leukoplast festkleben. Außerdem am oberen Rand des Beines etwas über dem Verband mit Leukoplast auf die Haare kleben, damit der Verband nicht rutscht.

## Anlegen von Verbänden am Kopf

Kopfverbände halten besonders schlecht, da der Katzenkopf nur sehr klein ist. Deshalb müssen Sie versuchen, einen Teil des Halses mit einzubinden. Verfahren Sie wie bei Beinverbänden, der Verband wird nur sehr wenig gepolstert. Bei stark blutenden Wunden wird erst einmal kein Verband angelegt, eventuell im Halsbereich gekühlt.

## Anlegen von Verbänden im Brustbereich

Die Wunde säubern, die Haare in der Umgebung mit einer kleinen Schere abschneiden und eine Wundauflage auflegen. Den Bereich der Wunde polstern und dann mit einer elastischen Mullbinde umwickeln, indem diese um die Brust und dann abwechselnd über den Rücken um jedes Vorderbein und dann zwischen den Vorderbeinen durch über die Brust geführt wird. Dann den Verband mit Leukoplast am Hinterkopf, vor der Brust und am Rücken fixieren. Im Notfall wird am Brustkorb kein Verband angelegt (außer vom Tierarzt), um die Atmung nicht zu erschweren.

## Anlegen von Verbänden am Bauch

Die Wunde säubern, Wundauflage auflegen und polstern, dann mit einer elastischen Mullbinde fixieren, indem Sie Bauch und Rücken umwickeln. Den Verband an beiden Seiten mit Leukoplast etwas festkleben.

## Anlegen von Verbänden am Hinterteil

Im hinteren Bereich werden die Verbände um die Hinterbeine geführt. Achten Sie darauf, daß After, Scheide oder Penis frei bleiben und der Verband möglichst nicht beschmutzt wird, wenn die Katze Kot oder Harn absetzt.

## Anlegen von Verbänden am Schwanz

Verbände am Schwanz legen Sie an wie Beinverbände. Nur wenig polstern, denn wenn der Verband zu schwer ist, versucht die Katze nur noch heftiger, ihn zu entfernen.

## Anlegen eines Druckverbandes

Bei einer stark blutenden Wunde muß teilweise ein Druckverband angelegt werden. Nehmen Sie eine verpackte Mullbinde und drücken Sie diese auf die Wunde. Dann wickeln Sie eine weitere Mullbinde fest um den blutenden Körperteil. Bei einer ausgepack-

*Als Verbandsmaterial benötigen Sie:*
* Wundauflagen, nicht klebend, um blutende und nässende Wunden abzudecken. Sie erleichtern den Verbandswechsel, da die Wunde nicht immer wieder aufgerissen wird.
* Mullbinden, elastisch, damit sie sich besser dem Katzenkörper anpassen und auch bei Bewegungen nicht so leicht verrutschen.
* Verbandswatte, um Verbände auszupolstern und so die Verletzung vor Stößen zu schützen. Auch lassen sich die Mullbinden besser anlegen. Sie ist in Rollen erhältlich. Verbandswatte wird nicht direkt auf Verletzungen und offene Wunden gelegt.
* Verbandtuch 60 × 80 cm, um Verbrennungen und großflächige Wunden abzudecken, ohne der Katze unnötige Schmerzen zuzufügen.
* Leukoplast oder Klebeband, um den Verband zu fixieren und im Notfall leicht am Katzenkörper anzukleben.
* In Notfällen ist oft kein Verbandsmaterial vorhanden. Dann müssen Sie sich mit dem behelfen, was vorhanden ist. Ein sauberes Taschentuch, ein Halstuch oder nicht fusselnder Schal, ein Handtuch eignen sich zumindest für einen Notverband, der allerdings baldmöglichst durch einen richtigen Verband ersetzt werden sollte.

ten Mullbinde könnte das Blut aufgesaugt werden und Sie sehen nicht, ob der Druckverband die Blutung wirklich stillt. Ist dies nicht der Fall, befestigen Sie eine weitere Mullbinde auf der Wunde. Ein Druckverband sollte nicht zu lange auf der Wunde belassen werden, suchen Sie also schnellstmöglich einen Tierarzt auf.

## So hält der Verband

Nicht jede Katze ist bereit, einen Verband zu dulden. Der Verband wird mit Geduld oder mit Gewalt immer wieder entfernt und die Wunde dann so lange geleckt, bis sie sich entzündet. In diesem Fall helfen einige Tricks, die den Verband an der vorgesehenen Stelle halten und die Katze dabei möglichst wenig beeinträchtigt.
Beim Tierarzt erhält man einen Halskragen. Dieser verhindert zwar, daß die Katze die Wunde oder den Verband erreicht, er hat aber den Nachteil, daß er die Katze stark beeinträchtigt. Auch die Nahrungsaufnahme ist erschwert. Die ohnehin schon kranke Katze wird noch mehr belastet. Ängstliche, scheue Tiere bekommen teilweise Panikzustände.
Bei Verletzungen oder Operationen im Bauchbereich hilft beispielsweise ein Strumpf, dessen Fußteil abgeschnitten wird. So läßt sich das Beinteil über den Bauch ziehen. Ein so fixierter Verband behindert die Katze nicht, sie kann aber den Verband nicht entfernen oder die Wunde lekken. Sollte dies noch nicht ausreichen, können Sie den Strumpf mit Bändern zusätzlich befestigen, indem Sie diese über Kreuz um die Vorderbeine und den Brustkorb führen und auf dem Rücken zusammenbinden.
Bei Verletzungen im Schulterbereich ziehen Sie der Katze einen Baby- oder Kleinkinderpullover an.
Verwenden Sie möglichst Dinge, die sich dem Körper der Katze anpassen und nicht so viel gebunden oder geklebt werden müssen. Gebundene Dinge gehen schnell wieder auf, geklebte Dinge lassen sich vom Fell und von der Haut nur sehr schlecht entfernen. Geeignet sind:
Strümpfe, Strumpfhosen, Leggings, Pullover, Babykleidung.
Verwenden Sie Dinge, die Sie nicht mehr benötigen, da sie nach der Genesung der Katze meist unbrauchbar sind.

# Eingabe von Medikamenten

Die einfachste und in den meisten Fällen am besten geeignete Methode der Eingabe von Medikamenten besteht darin, diese ins Futter zu mischen. So werden die Medikamente aufgenommen, ohne den Magen-Darmtrakt unnötig zu belasten und die Katze durch Zwangseingabe zu streßen. Aber dies ist nicht immer möglich. Einige Katzen verweigern konsequent die Nahrung, wenn sie Medikamente enthält.
Teilweise kann man Katzen überlisten, indem man die Medikamente in das Lieblingsfutter gibt, bzw. in Lebensmittel mischt, die nicht so leicht abzulecken sind. Hierzu sind geeignet: Leberwurst, rohes Rind- oder Wildfleisch, Frischkäse, Sahne, Ölsardinen.
Hierbei kommt es natürlich auf die Vorlieben Ihres Lieblings an sowie darauf, ob eine bestimmte Diät eingehalten werden muß.
Das Problem bei der Eingabe ist teilweise, daß die Medikamente so unangenehm schmecken, daß die Katzen anschließend stark speicheln und weitere Nahrung ablehnen. In diesem Fall sind Spritzen angezeigt, die in der Regel vom Tierarzt verabreicht werden.
Die Zwangseingabe von Medikamenten ist nicht immer zu umgehen. Hierbei wird ähnlich wie bei der Zwangsernährung vorgegangen. Wehrhafte Patienten werden in ein Handtuch oder eine Decke eingewickelt, so daß nur noch der Kopf herausschaut. Ruhige Patienten nehmen Sie einfach auf den Schoß. Nehmen Sie die Tablette in die Hand, mit der anderen Hand drücken Sie den Kopf leicht nach oben, gleichzeitig wird der Kiefer mit der anderen

*Nach der Eingabe von Medikamenten wird der Schluckreflex ausgelöst.*

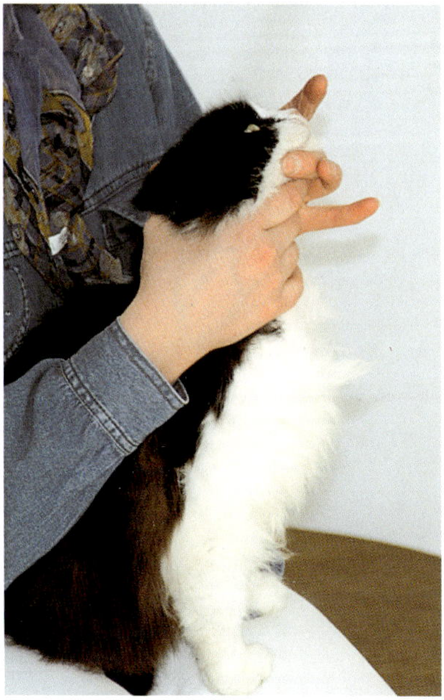

Hand vorsichtig auseinandergezogen und die Tablette tief in den Rachenraum geschoben. Dann den Kopf weiter oben halten und den Hals von vorne streicheln, um den Schluckreflex auszulösen. Um die Zwangseingabe für das Tier etwas weniger schlimm zu gestalten, können Sie vor der Eingabe Ihre Hand mit Nahrungsmitteln einreiben, deren Geruch der Katze angenehm ist, beispielsweise Fisch oder rohes Fleisch. Natürlich soll nur der Geruch vorhanden sein, das Tier aber nicht mit der Nahrung verschmiert werden.
Einige Katzen sind wahre Meister darin, Tabletten in den Seiten des Mäulchens zu verstecken und dann anschließend auszuspucken. Schauen Sie also noch einmal nach, bevor Sie die Katze loslassen.
Flüssige Medikamente geben Sie in eine Spritze ohne Nadel. Sie können die Medikamente eventuell mit wohlschmeckenden Dingen wie Fleischbrühe mischen. Verfahren Sie wie bei der Eingabe von Tabletten, nur drükken Sie die Spritze leicht in die Seite des Mundes und spritzen dann vorsichtig und langsam die Flüssigkeit ein. Dabei mit der anderen Hand den Hals von vorne streicheln, um wiederum den Schluckreflex auszulösen.

## Entfernung von Fremdkörpern

Die Entfernung von Fremdkörpern bleibt in den meisten Fällen dem Tierarzt vorbehalten, der die entsprechende Erfahrung und die erforderlichen Geräte hat. Auch ist dann die Gefahr nicht so groß, wenn durch die Entfernung starke Blutungen auftreten.
Eine Zecke allerdings, einen Splitter, eine kleine Scherbe oder

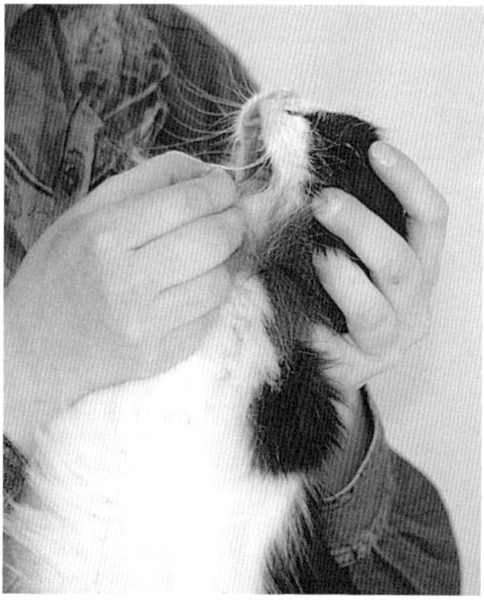

*Das Mäulchen wird geöffnet, um den Rachenraum auf Fremdkörper zu kontrollieren.*

einen Dorn können Sie problemlos selbst entfernen. Dazu verwenden Sie wenn möglich eine Pinzette. Legen Sie sich vorher Verbandsmaterial zurecht.
Halten Sie die Katze fest, fassen Sie den Fremdkörper mit der Pinzette, drücken Sie diese fest zusammen und ziehen dann den Fremdkörper heraus. Behandeln Sie die Wunde entsprechend ihrer Größe.
Bei Glassplittern, und wenn mehrere Splitter oder Dornen vorhanden sind, sollten Sie den Wundbereich anschließend von einem Tierarzt kontrollieren lassen.
Manchmal hängt der Katze ein Stück Faden aus dem Mäulchen. Bevor Sie dies herausziehen, sehen Sie erst nach, ob sie den Faden nicht bereits teilweise verschluckt hat. Dann muß er vom Tierarzt vorsichtig entfernt werden, sonst können schwere Verletzungen entstehen.
Entfernen von Fremdkörpern aus dem Auge siehe Seite 84.

## Fieber messen

Die Körpertemperatur gibt oft Hinweise auf Krankheiten, den Krankheitsverlauf und die erforderlichen Behandlungsmethoden. Deshalb kann es nötig sein, daß der Katzenbesitzer selbst regelmäßig Fieber messen muß. Das ist für das Tier nicht so anstrengend wie ein Besuch beim Tierarzt. Auch kann die Aufregung wegen des Tierarztbesuches die Körpertemperatur leicht ansteigen lassen und so das Ergebnis verfälschen.
Wichtig ist auch das richtige Thermometer, damit das Tier nicht verletzt wird. Glasthermometer mit Quecksilberanzeige eignen sich nicht zum Fiebermessen bei Tieren, da durch unkontrollierte Bewegungen leicht Verletzungen entstehen. Verwenden Sie also stets ein digitales, stabiles Kunststoffthermometer, diese sind heute überall preisgünstig erhältlich.
Die normale Körpertemperatur bei Katzen liegt mit etwa 38,5 Grad deutlich höher als beim Menschen, kann aber zwischen 38 und 39 Grad schwanken, ohne daß man beunruhigt sein muß. Von Fieber spricht man ab etwa 39 Grad, bei weniger als 38 Grad spricht man von Untertemperatur. Diese ist weitaus bedenklicher als Fieber, und die Temperatur des Tieres muß langsam erhöht werden (siehe Seite 127).

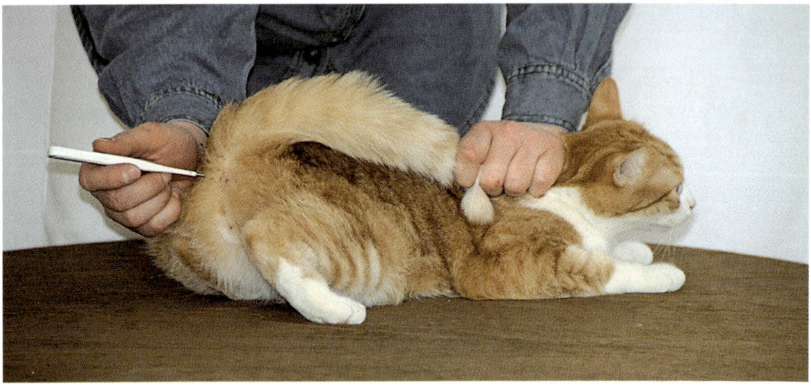

*Fieber messen im After der Katze, der Schwanz wird festgehalten.*

Fieber gemessen wird im After. Stellen oder legen Sie die Katze auf einen Tisch oder auf Ihren Schoß. Dann feuchten Sie das Fieberthermometer an und stecken es – wie beim Menschen auch – in den After. Warten Sie, bis das Thermometer nicht mehr ansteigt. Darüber informiert ein digitales Thermometer durch ein akustisches Zeichen.

Da bei weiblichen Katzen die Scheide direkt unter dem After liegt, achten Sie darauf, wo Sie das Thermometer einschieben. Wird es in die Scheide eingeführt, kann es zu schweren Verletzungen kommen.
Bei hohem Fieber oder Untertemperatur empfiehlt sich ein sofortiger Besuch beim Tierarzt.

*Streßarmes Fieber messen auf dem Schoß des Besitzers.*

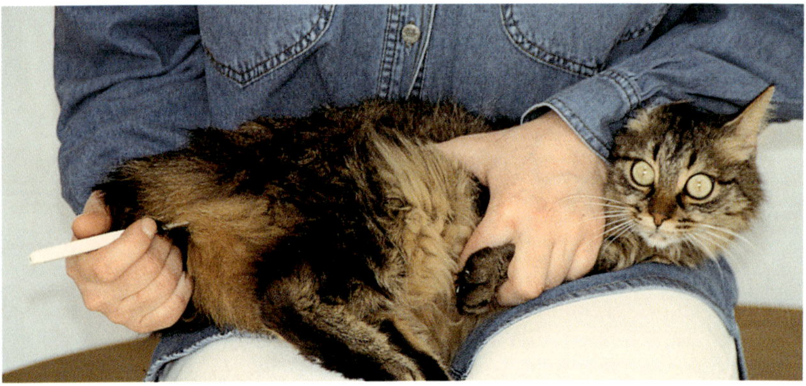

# Katzen richtig halten

Um zu verhindern, daß die Katze entläuft und um eine sorgfältige Untersuchung möglich zu machen, muß sie gut festgehalten werden. Außerdem sollen dem Tier keine unnötigen Schmerzen zugefügt werden. Dazu ist es manchmal erforderlich, fest zuzugreifen. Wenn die Katze richtig und fest gehalten wird, geht die Untersuchung sehr schnell, Behandlungen belasten das Tier weniger und Medikamente sind schnell und einfach eingegeben.

## Aufnehmen einer nicht sichtbar verletzten Katze

Fassen Sie mit der rechten Hand fest in das Nackenfell der Katze und ziehen Sie den Kopf etwas zurück. Mit der linken Hand stützen Sie die Katze am Po, indem Sie den Schwanz unter den Bauch biegen und die Hand so am Po halten, daß das Gewicht des Tieres auf Ihrer Hand lastet. Stützen Sie dabei die ganze Katze mit Ihrem Körper ab. Diese Haltung hat den Vorteil, daß das Tier Sie auch im Streß nicht beißen kann. Es erstarrt sozusagen in dieser Haltung.
Katzen nur am Nackenfell zu halten, sollte möglichst vermieden werden, da besonders bei ausgewachsenen Katzen das Gewicht groß ist und die Katze unnötig gestreßt wird. Man kann die Methode der Katzenmütter, die ihre Babys so tragen, nicht auf größere oder ausgewachsene Tiere übertragen.

*Die Haltung am Körper gibt der Katze Sicherheit.*

*Katzen, die am Oberkörper oder an den Vorderbeinen verletzt sind, können so sicher gehalten werden.*

## Halten bei verletzter Hinterpartie

Wenn die hintere Körperpartie verletzt ist, fassen Sie die Katze mit der linken Hand unter die Vorderpfoten und halten Sie den Brustkorb fest. In diesem Fall ist es besonders wichtig, der Katze

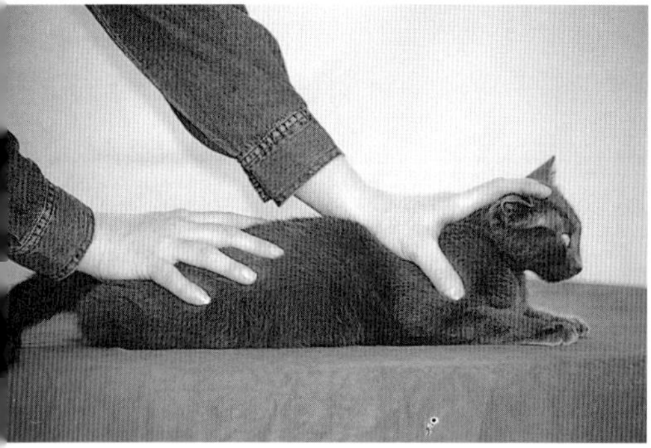

*Die Katze wird zur Untersuchung mit dem ganzen Körper auf den Tisch gedrückt.*

*Durch Festhalten der unten liegenden Beine bleibt die Katze in Seitenlage.*

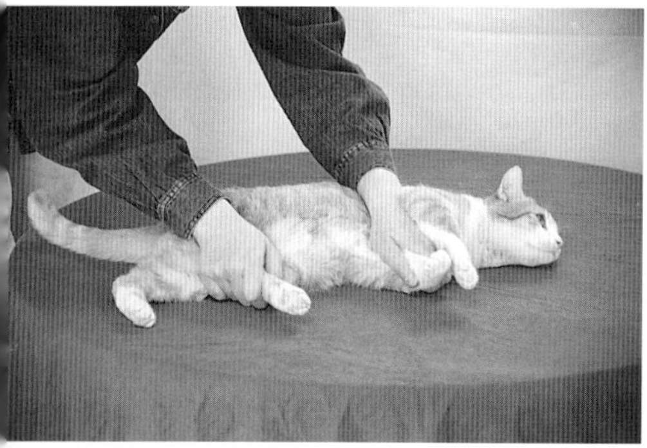

auch mit dem eigenen Körper Halt zu geben, damit die verletzten Körperteile nicht herunterhängen.

## Halten beim Tierarzt

Auf dem Untersuchungstisch und wenn Spritzen verabreicht werden sollen, hält man sehr widerspenstige Katzen, indem man sie auf den Tisch stellt, den Po und den Nacken fest herunterdrückt und so fest hält, daß die Katze mit dem Bauch auf dem Tisch liegt.

## Seitenlage

Die Katze wird auf den Tisch gelegt, der Besitzer faßt die unten liegenden Beine und hält sie etwas hoch. So kann die Katze nicht aufstehen. Außerdem besteht die Möglichkeit, mit dem eigenen Körper leicht auf den Katzenkörper zu drücken. Der Besitzer hat die Möglichkeit, mit der einen Hand auch noch den Schwanz festzuhalten.

Sehr zutrauliche Katzen, die keine Schmerzen haben, nehmen Sie liebevoll auf den Schoß und halten Sie mit beiden Händen sanft fest. So kann die Katze nicht weglaufen und fühlt sich bei Ihnen geborgen. Versuchen Sie immer, die Katze zwar sicher und fest zu halten, aber sie möglichst wenig zu beeinträchtigen. Dann lassen viele Tiere die Untersuchungen besser über sich ergehen. Auch der nächste Tierarztbesuch wird so nicht gleich zu einem schrecklichen Erlebnis.

## Halten von wehrhaften Katzen

Bei scheuen oder aggressiven Tieren empfiehlt sich in vielen Fällen ein sogenannter Zwangskäfig (in den meisten Tierarztpraxen vorhanden), in dem die Katze schmerzlos mit einem Schieber an die Käfigseite gedrückt werden kann. Dies reicht für eine Spritze aus. Das Tier wird so deutlich weniger gestreßt, als wenn mehrere Personen versuchen, es mit Gewalt zu halten. Auch scheiden weitere Verletzungen aus, die Behandlung ist schnell erledigt. Aber es gibt auch noch andere Methoden, schwierige Katzen zu halten.

## Einwickeln

Da einige Katzen allen Halteversuchen widerstehen, werden sie einfach in ein Tuch eingewickelt. Wickeln Sie die Katze so in ein großes Handtuch ein, daß der Kopf heraussieht, das Handtuch aber eng am Hals anliegt, damit die Vorderpfoten nicht heraus können. Wenn ein Körperteil untersucht werden soll, beispielsweise eine Pfote, lassen Sie diese aus einer anderen Öffnung herausragen.

## Halten mit Handschuhen

Handschuhe schützen den Katzenbesitzer oder die Tierarzthelferin vor Bissen und Kratzern. Mit dicken Handschuhen kann man auch aggressive, scheue Katzen anfassen. Manchmal beißen diese aber auch durch einen dicken Handschuh. Außerdem hat diese Methode den Nachteil, daß das Gefühl in der Hand verlorengeht und man die Katze mit den Handschuhen nicht so fest halten kann. Vielfach fürchten die Tiere sich auch vor den Handschuhen mehr, als vor der Hand. Wenn es also gelingt, mit der unbehandschuhten Hand fest das Nackenfell zu greifen, ist es häufig besser. Wenn allerdings das Tier bereits zuschlägt, sobald man sich ihm nähert, wird man teilweise doch zu dieser Methode greifen. In diesem Fall ist es dann vielfach doch vernünftig, das Tier zusätzlich einzuwickeln.

# Unfälle und Krankheiten bei Katzen

Unfälle und Krankheiten bedrohen unsere Hauskatzen täglich. Nicht immer gelingt es uns, sie vor diesen Gefahren zu schützen. Wenn etwas passiert ist, ist es die Aufgabe des Katzenbesitzers, der Katze zu helfen. Oft ist dann – besonders bei Unfällen – Erste Hilfe gefragt, um der Katze das Leben zu retten, oder um ihr zumindest Schmerzen und spätere Schäden zu ersparen.

Um wirklich sinnvolle Erste Hilfe leisten zu können, müssen Sie erst einmal feststellen, was passiert ist, welche Beeinträchtigungen, Verletzungen oder Krankheiten die Katze hat. Dazu gehört auch, die verschiedenen Verletzungen und Krankheiten zu erkennen.

Die auftretenden Symptome geben meist die entscheidenden Hinweise.

In den nachfolgenden Kapiteln finden Sie die häufigsten Unfallfolgen, Vergiftungen und Krankheiten mit ihren Symptomen aufgeführt sowie die erforderlichen Erste-Hilfe-Maßnahmen.

## Unfälle und Verletzungen

Katzen sind sehr neugierige Tiere. Daher kommt es häufig zu Unfällen und Verletzungen.

Auch wenn Katzen manchmal „problemlos" Stürze aus großer Höhe überleben, kommt es oft bereits bei Sprüngen von Bäumen oder Schränken zu Prellungen, Knochenbrüchen, Wunden oder inneren Verletzungen. Dazu kommen Bißverletzungen von anderen Tieren und nicht zuletzt Autounfälle, da viele Katzen die Gefahr des nahenden Autos nicht einschätzen können.

Verletzungen heilen bei Katzen in der Regel gut ab, entscheidend für die Heilung ist aber oft die Erste Hilfe und die Folgebehandlung.

Es gibt verschiedene Verletzungsarten, die unterschiedlich behandelt werden müssen. Bei allen Unfällen und Verletzungen ist zu beachten, daß ein Schock eingetreten sein kann.

## Schock

Ein Schock entsteht durch Schreck, Verletzungen, Blutverlust, Vergiftungen oder schwere Krankheiten (Austrocknung bei Infektionen).
Eine häufige Ursache sind Unfälle, die einen Schockzustand hervorrufen. Ein Schock kann sehr leicht sein, aber in schweren Fällen auch – unabhängig von der eigentlichen Ursache – schnell zum Tode des Tieres führen. Eine sofortige Behandlung ist also nötig.

*Symptome*
Atmung schnell und flach.
Puls schnell und flach.
Schleimhäute sind blaß (Zahnfleisch), Bindehaut ebenso, bei hellen Katzen ist Blässe der Nase, der Ohren und der Ballen besonders gut sichtbar.
Schwäche, das Tier liegt herum, bewegt sich nur wenig.
Das Tier fühlt sich kalt an (Ohren).

*Erste Hilfe und Behandlung*
Die Katze beruhigen (siehe Seite 10),
Warmhalten, je nach Verletzung in eine Decke einwickeln, bei Schock durch Blutverlust keinesfalls Wärme mit einer Wärmequelle wie Heizkissen oder Wärmflasche zuführen, Blutungen möglichst stillen (siehe Seite 37), Kreislauf stabilisieren, beispielsweise mit den Notfalltropfen aus der Bach-Blütentherapie, homöopathisch mit Crataegus, jeweils 2–3 Tropfen alle 15 Minuten direkt auf die Zunge geben bis zur Besserung, dann noch drei- bis viermal alle 30 Minuten, eventuell die Tropfen auf den Finger geben und seitlich ins Mäulchen schmieren, bei schwerem Schock ist eine Behandlung durch einen Tierarzt nötig, vielleicht ist es möglich, daß er sofort zur Unfallstelle kommt oder einen Hausbesuch macht, ein Transport kann das Tier zusätzlich anstrengen.

## Wunden (Verletzungen der Haut)

Wunden treten – besonders bei Katzen mit freiem Auslauf – häufiger auf. Man unterscheidet die Wunden wie folgt:

1. Biß- und Kratzwunden
2. Fleischwunden
3. Quetschwunden
4. Schnittwunden
5. Schürfwunden
6. Sonnenbrand
7. Verbrennungen

Die Ursachen sind sehr vielfältig, haben aber in der Regel auf die Behandlung keine Auswirkung.

*Symptome*
Wunden sind auch für den Laien meist leicht zu erkennen. Das Haarkleid ist im Wundbereich verschmiert, die Wunde blutet leicht bis stark. Bei kleinen Verletzungen ist das Allgemeinbefinden nicht beeinträchtigt, bei größeren Wunden (starkem Blutverlust, Vereiterungen bei älteren Wunden) kann das Tier geschwächt sein, durch eine Infektion kann Fieber auftreten, Appetitlosigkeit ist möglich.
1. Biß- und Kratzwunden, sie sind nicht immer leicht zu erkennen, da das Fell im Aussehen oft nicht beeinträchtigt ist und nicht immer Blutungen auftreten oder die Katze die Wunde äußerlich schon gereinigt hat. Meist sind nur ein oder mehrere kleine runde Löcher zu erkennen, die durch die Zähne entstehen. Bei unbehandelten Bißwunden können sich leicht Abszesse bilden (siehe Seite 87).
2. Fleischwunden sind meist deutlich zu erkennen, die Haut ist offen, das Fleisch ist sichtbar, meist blutet die Wunde.
3. Quetschungen sind nicht immer an Verletzungen der Haut zu erkennen. Das Gewebe unter der Haut ist verletzt und schwillt an, es entsteht ein Bluterguß.
4. Schnitt- und Stichwunden sind an den glatten Kanten zu erkennen. Die Wunden klaffen auf, teilweise bluten sie. Sie entstehen durch scharfe Gegenstände wie Glasscherben, Messer oder die Krallen anderer Katzen.
5. Schürfwunden: die Haut ist aufgerauht, teilweise bis ins Fleisch, das Fell ist ganz oder teilweise entfernt.
6. Sonnenbrand; dieser tritt im Sommer teilweise bei hellen Katzen auf. Hauptsächlich sind die äußeren Ohren betroffen. Die Haut ist gerötet und geschwollen.
7. Verbrennungen; in diesem Fall ist meistens das Fell mit beeinträchtigt, die Haut gerötet, mit Blasen bedeckt, oder es ist in schweren Fällen das rohe Fleisch zu sehen.

*Erste Hilfe und Behandlung*
Kleinere Wunden, die nicht tief sind, können Sie mit Kamilloplant säubern und eventuell mit einer heilenden Salbe (nur bei flachen Wunden) wie beispielsweise Traumeel behandeln. Kleine Wunden heilen in der Regel schnell ab.
Größere oder tiefere Wunden behandelt auf jeden Fall der Tierarzt – als Erste Hilfe eventuell Blut stillen (siehe Seite 37) –, um Infektionen zu verhindern. Er wird die Wunde säubern, bei Bedarf nähen und das Tier antibiotisch abdecken. Wenn die Wunde vom Tierarzt genäht werden muß, oder bei sehr großen Wunden, sollten Sie keine Salben oder ähnliches auf die Wunden geben, dadurch wird das Aussehen verändert und die Beurteilung durch den Tierarzt erschwert. Wenn die Wunde genäht werden muß, soll dies innerhalb der nächsten vier bis sechs Stunden geschehen; eine genähte Wunde heilt in der Regel schnell und problemlos ab. Eine zusätzliche Abwehrstärkung mit homöopathischen Medikamenten wie beispielsweise Traumeel oder Engystol ist immer sinnvoll.

*Eine metallbedampfte Rettungsfolie verhindert das Auskühlen verletzter Katzen.*

## Innere Verletzungen

Innere Verletzungen sind oft nur sehr schwer festzustellen, aber trotzdem sehr gefährlich. Die endgültige Diagnose stellt der Tierarzt.

*Symptome*
Blut läuft aus Augen, Nase, Ohren oder Mäulchen, Scheide oder After, die Katze kann ihren Urin nicht mehr halten. Die Farbe des Kots ist verändert, oder er enthält Blut, das Tier erbricht Blut oder geronnenes Blut, aussehend wie Kaffeesatz. Es ist apathisch oder unruhig. Die Pupillen sind stark, eventuell ungleichmäßig geweitet und reagieren nicht oder deutlich verlangsamt. Der Bauch verhärtet sich, daß Tier nimmt Schonhaltung ein. Es kann sich um Verletzungen oder Erkrankungen der inneren Organe handeln. Eine Diagnose und Behandlung durch den Tierarzt ist erforderlich.

*Erste Hilfe und Behandlung*
Die Katze warmhalten, den Kreislauf stabilisieren (Schock), eventuell Blutungen stillen (siehe Seite 37), die Katze in einen Transportkäfig legen und sofort den Tierarzt aufsuchen.

## Brüche

Brüche entstehen bei Katzen durch äußere Einwirkung wie beispielsweise Stürze, Schläge oder Autounfälle. Sie heilen in der Regel gut ab, müssen aber behandelt werden, um Folgeschäden zu vermeiden. Die unterschiedlichen Brüche werden auch unterschiedlich behandelt. Brüche sind sehr schmerzhaft, die Katze muß also sehr vorsichtig angefaßt werden, wobei der verletzte Körperteil möglichst ausgespart wird. Wenn ein Bruch oder der Verdacht auf einen Bruch vorliegt, sollte das Tier so bald wie möglich zum Tierarzt gebracht werden, damit sich die Knochen nicht weiter verschieben.
Alle Brüche werden vom Tierarzt behandelt. Ob wirklich ein Bruch vorliegt, kann oft erst anhand einer Röntgenaufnahme eindeutig festgestellt werden. Anhand der Aufnahme kann er entscheiden, ob beispielsweise ein Gipsverband oder eine Operation

nötig ist. Die häufigsten Brüche bei Katzen sind Beinbrüche, Bekkenbrüche und Kieferbrüche. Bei Brüchen wird die Katze eine Schonhaltung einnehmen, diese sollten Sie möglichst nicht verändern.

**Beckenbruch**

*Symptome*
Bei einem Beckenbruch ist die Katze im hinteren Bereich sehr schmerzempfindlich, zieht einen oder beide Hinterläufe nach und hat Schwierigkeiten beim Aufstehen. Beckenbrüche hören sich gefährlicher an, als sie sind, da sie bei sachgemäßer Pflege fast immer problemlos abheilen. Da es bei weiblichen Katzen anschließend zu Geburtsproblemen kommen kann, sollten diese auf jeden Fall nach der Genesung kastriert werden.

*Erste Hilfe und Behandlung*
Ein einfacher Beckenbruch erfordert, daß die Katze ruhig gestellt wird und sich nicht soviel bewegt, damit das Becken wieder richtig zusammenwächst. Bei Verdacht auf Beckenbruch wird die Katze sofort in einen kleinen Transportkorb gelegt (siehe Seite 36) und zum Tierarzt gebracht.

**Beinbruch**

*Symptome*
Die Katze ist am verletzten Bein schmerzempfindlich. Ein offener Bruch ist leicht zu erkennen, da die Haut und das Gewebe verletzt sind. Wenn nicht, fällt auf, daß die Katze das Bein nicht belastet. Sie humpelt oder tritt gar nicht mehr auf, eventuell ist eine Schwellung zu erkennen oder vorsichtig zu ertasten.

*Halten einer Katze mit abgeknicktem Vorderbein.*

*Erste Hilfe und Behandlung*
Die Katze ruhig lagern (siehe Seite 35) und zum Tierarzt bringen. Vorsichtig transportieren, besonders wenn der Transportweg sehr weit oder uneben ist.

### Kieferbruch

*Symptome*
Die Katze verweigert die Nahrungsaufnahme, trinkt auch nicht, der Kiefer ist möglicherweise verschoben, so daß der Gesichtsausdruck verändert ist, der Kiefer hängt herunter.

*Erste Hilfe und Behandlung*
Die Katze wird im Transportkäfig zum Tierarzt gebracht, der eventuell eine Operation vornimmt, um den Kiefer wieder zu richten und zu stabilisieren. Kieferbrüche heilen gut ab.

### Offene Brüche

*Symptome*
Diese Brüche erkennt man daran, daß der gebrochene Knochen das umliegende Gewebe und die Haut verletzt hat, so daß von außen eine Wunde sichtbar ist.

*Erste Hilfe und Behandlung*
Die Wunde wird mit einem sterilen Tuch abgedeckt, die Katze dann gelagert (siehe Seite 35) und zum Tierarzt transportiert. Vorsicht auch bei starken Blutungen, ein Druckverband ist nicht angezeigt, er kann die Knochen noch weiter verschieben. Bei offenen Brüchen ist es besonders wichtig, die Schonhaltung nicht zu verändern und die Wunde steril abzudecken.

### Rippenbrüche

*Symptome*
Die Katze reagiert schmerzempfindlich bei Berührung. Sie legt sich entweder, um sich zu entlasten, auf die verletzte Seite oder auf die andere Seite, die Atmung ist meist heftiger und beschleunigt. Teilweise ist zu spüren, daß die Rippen eingedrückt sind. Auch spüren Sie manchmal ein „Knistern“ in der Haut.

*Erste Hilfe und Behandlung*
Die Katze lagern (siehe Seite 35) und zum Tierarzt bringen.

### Schädelbruch, Kopfverletzungen

*Symptome*
Der Kopf ist eingedrückt oder verschoben, die Pupillen sind stark geweitet oder ungleich groß, die Kopfhaltung ist verändert. Die Katze zeigt motorische Störungen an den einzelnen Gliedmaßen oder dreht sich im Kreis. Es können Krämpfe auftreten.

*Erste Hilfe und Behandlung*
Die Katze in einem Transportkäfig lagern (siehe Seite 35). Eine genaue Diagnose kann nur der Tierarzt stellen. Es kann sich um einen Schädelbruch, eine Gehirnerschütterung oder aber um Meningitis handeln.

### Schwanzwirbelbrüche

Auch sie kommen eigentlich häufiger vor, stellen aber für die Katze keine große Beeinträchtigung dar.

*Symptome*
Der Schwanz hängt ganz oder teilweise herunter und ist sehr schmerzempfindlich, manchmal sind die Nerven beeinträchtigt, sodaß die Katze es nicht merkt, wenn Sie ihren abgeknickten Schwanzteil berühren. Kneifen Sie nicht hinein, da das Schmerzempfinden auch verstärkt sein kann.

*Erste Hilfe und Behandlung*
Die Katze wird vorsichtig in einen Transportkäfig gelegt (siehe Seite 35) und zum Tierarzt gebracht. Im schlimmsten Fall muß der Schwanz oder ein Teil desselben operativ entfernt werden, für die Katze spielt dies keine Rolle; der Besitzer gewöhnt sich schnell an den Anblick.

### Wirbelsäulenverletzungen

*Symptome*
Der hintere Körperbereich ist unbeweglich oder in seiner Bewegung stark eingeschränkt. Die Katze schleppt sich auf den Vorderbeinen vorwärts. Das Schmerzempfinden kann völlig ausgeschaltet sein, wenn die Nerven geschädigt sind. Dann reagiert die Katze nicht, wenn

Sie die Hinterbeine berühren. Manchmal ist die Katze bewußtlos.

Achtung: Der Transport bei Wirbelsäulenverletzungen muß besonders vorsichtig vorgenommen werden. Bewegungen und Erschütterungen müssen weitestgehend vermieden werden, um eine Verschlimmerung zu verhindern.

*Erste Hilfe und Behandlung*
Die Katze lagern (siehe Seite 35) und sofort zum Tierarzt bringen. Bei Wirbelsäulenverletzungen ist häufig keine Hilfe mehr möglich, die genaue Diagnose stellt der Tierarzt. Da die Diagnose und damit verbundene Prognose für die Genesung sehr schwierig ist, sollten Sie zwei bis drei Wochen unter ärztlicher Aufsicht abwarten.

*Brüche entstehen bei Katzen vorwiegend durch Stürze, Schläge oder Autounfälle.*

# Vergiftungen

Vergiftungen treten bei Katzen sehr häufig auf. Die richtige Erste Hilfe ist wichtig, um Schäden oder den Tod zu verhindern. Vielfach kann man, beispielsweise durch die Auswahl der richtigen Pflanzen im Haus und im Garten, Vergiftungen vermeiden. Aber selbst eine nur in der Wohnung gehaltene Katze kann Kontakt mit giftigen Stoffen haben. Beim Verdacht auf eine Vergiftung gilt: Sofort mit der entsprechenden Behandlung einsetzen und auf jeden Fall zum Tierarzt oder in die nächstgelegene Tierklinik fahren, damit dort die entsprechenden Maßnahmen durchgeführt werden können. Die Zeit entscheidet vielfach über Leben und Tod.
Viele Pflanzen, die wir besonders mögen, gehören leider zu den für unsere Katzen ungenießbaren oder giftigen Pflanzen.

## Folgende Pflanzen sind für Katzen giftig

Ackerveilchen, Ackerwinde, Adonisröschen, Alpenveilchen, Amaryllis, Anemonen, Blumenzwiebeln von Narzissen, Buchsbaum, Christrose, Christusdorn, Dieffenbachia, Edelweiß, Efeu, Eibe, Farn, Fingerhut, Geranien, Goldregen, Herbstzeitlose, Hyazinthen, Krokus, Märzbecher, Magnolien, Maiglöckchen, Nachtschattengewächse, Narzissen, Nelken, Philodendron, Primeln, Schneeglöckchen, Seidelbast, Stechpalme, Tollkirsche, Weihnachtsstern, Wolfsmilcharten.

Dies ist nur eine Auswahl der bei uns häufig vorkommenden Pflanzen, die für Katzen giftig sind. Bieten Sie also besonders den nur in der Wohnung gehaltenen Katzen genügend Katzengras an, damit sie nicht auf die Zimmerpflanzen angewiesen sind. Draußen, wo das Angebot an verträglichen Pflanzen größer ist, fressen Katzen viel seltener Pflanzen, die Giftstoffe enthalten. Aber auch viele Chemikalien und andere Stoffe, die in fast allen Haushalten vorhanden sind, führen bei Katzen zu Vergiftungen. Dazu gehören:

Altöl, Benzin, Klebstoffe, Blei, Quecksilber aus defekten Thermometern und Schaltern, Öle, Putzmittel, Rattengift, Reinigungsmittel, Säuren und Laugen, Schädlingsbekämpfungsmittel, Unkrautvernichtungsmittel, Medikamente, aber auch die häufige Verwendung von beispielsweise chemischen Teppichreinigungsmitteln und vieles mehr.

Tip: Katzen sind neugierig und nehmen viele Dinge, Pflanzen so-

*Erste Hilfe und Behandlung*
In einigen Fällen hilft es, Erbrechen auszulösen. Dies geschieht am besten beim Tierarzt, der die Diagnose Vergiftung bestätigt hat und der Katze eine Spritze gibt. Er weiß auch, bei welchen Giften es richtig ist, Erbrechen auszulösen.
Häufig sinkt bei Vergiftungen die Körpertemperatur ab. Halten Sie die Katze also warm und ruhig. Aufregung regt den Stoffwechsel an, und die Gifte werden dann schneller aufgenommen.
Bei ätzenden Giften, beispielsweise Säuren und Laugen, darf Erbrechen auf keinen Fall ausgelöst werden, da sonst die Verätzungen schlimmer werden, weil die Gifte die Speiseröhre noch einmal passieren. Geben Sie bindende Dinge wie Pflanzenöle oder mit warmem Wasser verrührtes Eiweiß ein. Auch medizinische Kohle bindet Giftstoffe. Lösen Sie drei Kohletabletten in etwas Wasser auf, geben Sie die Lösung in eine Spritze ohne Nadel und spritzen sie in das Mäulchen. Gehen Sie auf jeden Fall so schnell wie möglich in eine Tierklinik, wo anschließend eine Magenspülung vorgenommen und die nötigen Folgebehandlungen eingeleitet werden können.
Wenn es irgend möglich ist, nehmen Sie das Gift oder die Pflanze mit, damit der Tierarzt weiß, was die Vergiftung ausgelöst hat. Aber auch Erbrochenes oder Durchfall sollten Sie mitnehmen, damit er daraus Schlüsse auf die Vergiftung ziehen kann. Er kann sich bei verschiedenen Stoffen auch bei der Giftnotrufzentrale oder anderen entsprechenden Stellen erkundigen. Wenn das Gift bekannt ist, kann schneller und gezielter mit der Behandlung begonnen werden und die Heilungschancen sind viel größer.

wie auch andere Stoffe, aus Langeweile auf. Beschäftigen Sie also die Katze und bieten Sie ihr ein interessantes Leben. Das ist auch in einer Etagenwohnung möglich.

*Symptome*
Die Symptome bei Vergiftungen sind für den Laien nur schwer einzuordnen, da sie von dem aufgenommenen Gift abhängig sind. Hinzu kommt, daß sie je nach Menge und Gift sofort oder zeitverzögert auftreten können, so daß man oft nicht weiß, was die Katze aufgenommen hat.

## Zeichen für eine Vergiftung können sein:

Plötzlich auftretender Durchfall und Erbrechen, Schaum vor dem Mund, Kreislaufstörungen, Lähmungserscheinungen, Muskelkrämpfe, Bewußtlosigkeit oder Bewußtseinsstörungen (in diesen Fällen darf auf keinen Fall Erbrechen ausgelöst werden), Schmerzen, Verätzungen auf der Haut, im Mund- und Rachenraum, in der Speiseröhre und im Magen, Zittern.

Bei langsam fortschreitender Vergiftung durch die ständige Aufnahme kleiner Mengen oder durch Gifte, die nur langsam wirken, treten die Symptome zuerst häufig nur so leicht auf, daß sie oft übersehen werden. Später ist es oft nur noch sehr schwer, die bereits vorhandenen Schädigungen an den Organen wieder auszuheilen.
Achten Sie also bei Ihrer Katze darauf, daß sie möglichst wenig mit giftigen Stoffen in Berührung kommt.

*Besonders bei Katzen mit freiem Auslauf ist die Gefahr einer Vergiftung groß.*

# Infektionen

Infektionen sind bei Katzenbesitzern und Tierärzten gleichermaßen gefürchtet. Eine Katze, die einen schweren Autounfall innerhalb weniger Tage „wegsteckt", stirbt oft an einer leichten Infektion innerhalb von Stunden. Aber auch Infektionen, die eine lange Inkubationszeit haben, wie beispielsweise FIP oder Leukose – sind, wenn sie ausgebrochen sind – praktisch unheilbar.

Man unterscheidet zwischen Virusinfektionen und bakteriellen Infektionen. Eine bakterielle Infektion ist meist nicht so gefährlich, da sie mit Antibiotika behandelt werden kann. Antibiotika wirken nicht bei Virusinfektionen, so daß eine Behandlung mit Antibiotika praktisch nicht möglich ist. Es kommt nur darauf an, die Abwehrkräfte zu stärken und die Beschwerden zu erleichtern, damit der Körper der Katze die Infektion übersteht. Aber häufig kommt eine bakterielle Infektion dazu. Um diese abzufangen, bzw. weil oft nicht klar ist, um welche Art von Infektion es sich handelt, werden in vielen Fällen vom Tierarzt Antibiotika gespritzt.

Wichtig bei allen Infektionskrankheiten und bei Katzen, die häufig an Infektionen erkranken sind eine gute, ausgewogene Ernährung (siehe Seite 113) und eine regelmäßige Stärkung der Abwehrkräfte. Dies kann der Katzenbesitzer selbst machen.

Die Katze sollte auf jeden Fall regelmäßig geimpft werden (siehe Seite 132), und wenn sie nach draußen kommt, ist auch eine Entwurmung angezeigt. Zur Abwehrstärkung geben Sie einmal wöchentlich eine Ampulle China-Homaccord und Engystol sowie zweimal wöchentlich 5 Tropfen Echinacin.

*Erste Hilfe und Behandlung*

Bei leichten Symptomen lassen Sie die Katze in Ruhe, sorgen Sie für gute Ernährung und Stärkung der Abwehrkräfte. Bei Beeinträchtigung des Magen-Darmtraktes füttern Sie Diät mit mehreren kleinen Mahlzeiten täglich.

Bei hohem Fieber oder Untertemperatur, deutlich schlechterem Allgemeinbefinden, oder wenn nach zwei bis drei Tagen keine Besserung auftritt, zum Tierarzt.

## Allgemeine Infektionen

Bei den meisten Infektionserkrankungen wird nicht näher festgestellt, um welche Art von Infektion es sich handelt. Die Symptome sind ziemlich ähnlich und die Erkrankungen werden von den Tierärzten mit Antibiotika und Stärkung der Abwehrkräfte behandelt.

*Symptome*
Fieber, Untertemperatur, Appetitlosigkeit, apathisches Verhalten, Schmerzen, manchmal Durchfall und Erbrechen, ohne daß eine Magen-Darminfektion vorliegt.

*Krankheiten mit ähnlichen Symptomen*
FIP, FIV, Katzenschnupfen, Katzenseuche, Leukose, Magen-Darminfektionen, Vergiftungen.

## FIP (Feline Infektiöse Peritonitis)

Bei FIP handelt es sich um eine Viruserkrankung, deren Auslöser zu den Coronaviren gehört. Wenn die Krankheit zum Ausbruch gekommen ist, stehen die Chancen sehr schlecht. Da es sich um eine Erkrankung des Immunsystems handelt, treten häufig auch andere Infektionskrankheiten auf. Der eindeutige Nachweis einer FIP-Erkrankung ist sehr schwer, da die Symptome sehr unterschiedlich sind. Bei der nassen Form (im Endstadium ist der Bauchraum mit Flüssigkeit gefüllt) ist die Diagnose dann leichter, bei der trockenen Form wird die Krankheit manchmal nicht erkannt. Andere Erkrankungen treten auf und werden oft erfolglos behandelt. Der den Coronavirus bestimmende FIP-Test sagt nicht eindeutig aus, ob es sich um FIP handelt, es sei denn, die Erkrankung wäre schon sehr weit fortgeschritten. Auch der im Test bestimmte Wert gibt keinen sicheren Hinweis darauf, ob die Erkrankung auf eine FIP-Infektion zurückzuführen ist.

*Symptome*
Häufige Erkrankungen an anderen Infektionen, beispielsweise Katzenschnupfen, weniger lebensfroh als die Artgenossen, oft mager, frißt schlecht (Ursache aber Magenprobleme), ‹aufgeblähter› Bauch, sporadisch auftretende Fieberschübe, Erguß im Auge, erst spät deutlich gestörtes Allgemeinbefinden, im Endstadium oft ganz besonders weiches Fell, Gelbsucht (Gelbfärbung der

Augen, der Schleimhäute und der Haut).
Leichtes Fieber, das immer wieder auftritt. Einige Katzen verweigern die Nahrung, andere wiederum fressen noch, wenn der Bauch schon ganz dick ist. Dies gibt dem Katzenbesitzer fälschlicherweise wieder Hoffnung.
Teilweise aber auch für den Katzenbesitzer völlig unauffälliges Verhalten mit plötzlichem Ausbruch der Krankheit, die dann innerhalb kurzer Zeit zum Tode führt. Ein Hinweis kann sein, daß die Katze plötzlich deutlich abmagert, dann aber wieder zunimmt und normal reagiert, bis die Krankheit dann zum Ausbruch kommt.

*Krankheiten mit ähnlichen Symptomen*
Allgemeine Infektionen, FIV, Katzenschnupfen, Katzenseuche, Leukose, Magen-Darminfektionen, Vergiftungen.

*Erste Hilfe und Behandlung*
Inzwischen ist eine Impfung möglich. Die Erste Hilfe und Behandlung beschränkt sich auf die Behandlung der auftretenden Krankheiten wie Katzenschnupfen und Entzündung des Zahnfleisches, eine besonders gute, ausgewogene Ernährung und die regelmäßige Stärkung der Abwehrkräfte. Die auftretenden Symptome sollten unverzüglich behandelt werden, damit der Körper nicht unnötig geschwächt wird.

## FIV (Felines Immundefizienzsyndrom-Virus)

FIV ist erst seit einigen Jahren bekannt. Es geht nicht auf den Menschen über, obwohl es auch ‹Katzenaids› genannt wird, weil der Virus dem HIV-Virus ähnelt. Die Heilungschancen sind schlecht, wenn die Krankheit zum Ausbruch gekommen ist. Teilweise bleiben die Katzen aber jahrelang unauffällig, obwohl sie Virusträger sind.

*Symptome*
Häufiges Auftreten von Krankheiten wie Katzenschnupfen, Hautkrankheiten und der Mundschleimhaut, Fieber, Erkrankung der Niere und der Leber (siehe Seiten 81 und 82), im Endstadium schwer gestörtes Allgemeinbefinden und Abmagerung, schlechterer Entwicklungszustand als Geschwister und andere Katzen.

*Erste Hilfe und Behandlung*
Die Erste Hilfe und Behandlung beschränkt sich auf die Behandlung der auftretenden Krankheiten wie Katzenschnupfen und Entzündung des Zahnfleisches, eine besonders gute, ausgewogene Ernährung und die regelmäßige Stärkung der Abwehrkräfte.

*Krankheiten mit ähnlichen Symptomen*
Allgemeine Infektionen, FIP, Katzenschnupfen, Katzenseuche, Leukose, Magen-Darminfektionen, Vergiftungen

## Katzenschnupfen

Bei Katzenschnupfen unterscheidet man zwischen den gefährlichen Katzenschnupfenerkrankungen, gegen die man die Katze durch eine Impfung schützen kann, und den normalen Erkältungserkrankungen, wobei die Katze sich hierbei durchaus beim Menschen anstecken kann. Chronisch gewordener Katzenschnupfen läßt sich nur noch schwer behandeln. Oft tritt er immer wieder auf und setzt der Katze sehr zu. Auch sind die Symptome – der Nasenausfluß löst sich, wenn die Katze niest, und verteilt sich in der Umgebung – für viele Menschen unangenehm.

*Symptome*
Niesen, Husten, rasselnder Atem, laufende oder verstopfte Nase, tränende oder eiternde, entzündete Augen, Fieber, Nahrungsverweigerung (oft weil die Katze das Futter nicht riecht).

*Krankheiten mit ähnlichen Symptomen*
Allgemeine Infektionen, Vergiftungen

*Erste Hilfe und Behandlung*
Beginnen Sie mit der Behandlung sofort, damit der Schnupfen sich nicht festsetzt und chronisch wird.
Bei allen Symptomen im Bereich der oberen Luftwege ist die Aromatherapie ein hilfreiches Mittel. Verwenden Sie in der Duftlampe 1 Tropfen Teebaumöl, 1 Tropfen Salbeiöl, 1 Tropfen Fenchelöl, 1 Tropfen Rosmarinöl und 1 Tropfen Anisöl.
In schweren Fällen oder wenn die Symptome nicht nach drei bis vier Tagen abklingen, gehen Sie mit der Katze zum Tierarzt.

## Katzenseuche (Panleucopenia infectiosa felis)

Eine Viruserkrankung, die besonders junge Katzen befällt, die sehr häufig daran sterben oder Schäden (z. B. Herzerkrankungen, leichte motorische Störungen) zurückbehalten. Aber auch ältere Katzen bleiben nicht verschont, und auch für sie besteht Lebensgefahr. Den Katzenseuchevirus können Sie an Ihrem Körper, beispielsweise den Schuhen, auch mit ins Hochhaus tragen. Lassen Sie Ihre Katze also auf jeden Fall regelmäßig gegen Katzenseuche impfen.
Katzen überleben Katzenseuche meist nur bei sehr guter, intensiver Pflege; da die Krankheit aber sehr gut ausheilen kann, lohnt sich der Aufwand auf jeden Fall.

*Symptome*
Erbrechen schmerzhaft, oft mit Schmerzensschreien, gelb – weißschaumig, Durchfall gelblich, teilweise blutig, Fieber, Appetitlosigkeit, Durst (sitzt vor der Wasserschüssel, aber trinkt nicht), in schlimmeren Fällen steigt die Katze teilweise mit den Vorderfüßen in den Napf, der Kopf fällt vor Schwäche ins Wasser, Bauchschmerzen, Zungenrandgeschwüre.
Die Katze (besonders junge Tiere) fühlt sich oft einige Tage vorher schon schlapp und kraftlos an, ohne daß andere Symptome vorhanden sind.
Der Gesichtsausdruck kann verändert sein. Während der Krankheit beginnt die Katze durch den Flüssigkeitsverlust auszutrocknen und bekommt teilweise Untertemperatur.

*Krankheiten mit ähnlichen Symptomen*
Magen-Darminfektionen, Vergiftungen

*Erste Hilfe und Behandlung*
Sofortige Hilfe ist für die Überlebenschancen entscheidend. Bei Durchfall Diät füttern, wenn Erbrechen auftritt, sind Infusionen angezeigt, um den Magen zu entlasten. Wärme, Zuwendung und regelmäßige Eingabe von Flüssigkeit, teilweise alle 20 Minuten, Stärkung der Abwehrkräfte, auf jeden Fall zusätzlich Behandlung durch den Tierarzt. Schutz anderer im Haushalt lebender Katzen durch Serumimpfung, für diese auch Diät und Abwehrstärkung, damit mögliche Erkrankungen besser überwunden werden. Beachten Sie auch das Kapitel «Pflege kranker Katzen», Seite 126.

## Leukose

Leukose, nicht zu verwechseln mit der Leukämie beim Menschen und auch nicht übertragbar, ist eine Erkrankung, die viele Katzen haben. Die Katze kann jahrelang leukosepositiv sein, ohne daß der Katzenbesitzer es merkt. Eine Impfung ist möglich und sinnvoll, besonders wenn die Katze mit anderen Katzen Kontakt hat. Wenn eine Katze mit Leukose (mager, blaß) einen Menschen oder andere Tiere durch einen Biß oder mit den Krallen verletzt, kann dies häufiger zu Entzündungen führen als bei einer gesunden Katze. Achten Sie also bei Verletzungen darauf, daß Sie diese gleich desinfizieren, beispielsweise mit Teebaumöl.

*Eine schwerkranke schwache Katze wird gestützt.*

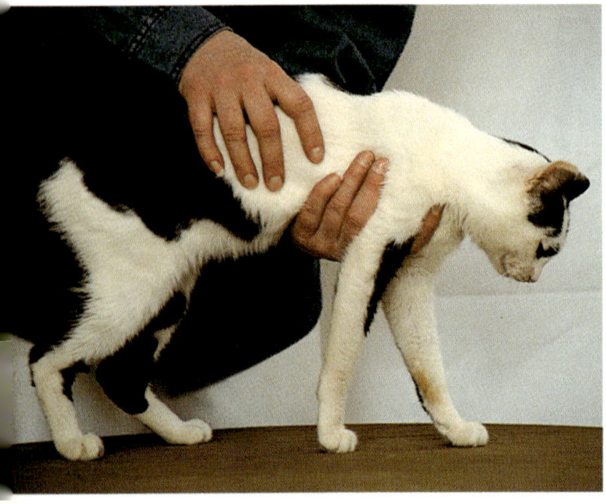

*Symptome*
Allgemeine Schwäche, häufige Erkrankungen verschiedener Arten, wie beispielsweise Katzenschnupfen, entzündetes Zahnfleisch, Aussehen auch in gesundem Zustand mager, blasse Schleimhäute, Nase und Ballen; wenn Sie die Katze streicheln, fühlt sie sich mager und kalt an. Sie zeigt weniger Lebensfreude als ihre Artgenossen. Oft fällt es ihr schwer, die Krallen einzuziehen. Sie verhängt sich häufiger in Stoffen und Kleidung.

*Krankheiten mit ähnlichen Symptomen*
Allgemeine Infektionen, FIP, FIV, Katzenseuche, Vergiftungen.

*Erste Hilfe und Behandlung*
Die Erste Hilfe und Behandlung beschränkt sich auf die Behandlung der auftretenden Krankheiten wie Katzenschnupfen und Entzündung des Zahnfleisches, eine besonders gute, ausgewogene Ernährung und die regelmäßige Stärkung der Abwehrkräfte.

## Lungenentzündung

Tritt oft im Verlauf einer nicht behandelten Erkältungserkrankung auf. Lungenentzündung ist trotz Antibiotika noch immer eine lebensbedrohliche Erkrankung, die häufiger auftritt. Sie wird oft vom Katzenbesitzer und manchmal auch vom Tierarzt nicht erkannt, so daß der bedrohliche Gesundheitszustand verborgen bleibt. Auch deshalb sterben immer noch viele Katzen daran.

*Symptome*
Rasselnder Atem, beschleunigter Atem, Fieber, Appetitlosigkeit, apathisches Verhalten, Austrocknung.

*Krankheiten mit ähnlichen Symptomen*
Akute Herzprobleme, Katzenschnupfen, Erkältungskrankheiten, FIP (Endstadium), schwere allgemeine Infektionen, Magen-Darminfektionen (siehe Seite 70).

*Erste Hilfe und Behandlung*
Die Behandlung durch einen Tierarzt ist unerläßlich. Gute Pflege und Ruhe beeinflussen den Verlauf positiv.

*Lungenentzündungen entstehen meist nach nicht behandelten Erkältungserkrankungen.*

# Magen- und Darmerkrankungen

Auch wenn Magen- und Darmerkrankungen häufig durch Infektionen hervorgerufen werden, so ist die Erste Hilfe und die Behandlung doch nicht immer mit der Behandlung von anderen Infektionen zu vergleichen. Dies gilt besonders für die Ernährung. Je eher Sie mit der Behandlung einsetzen, desto größer sind die Chancen für die Katze und die Behandlungskosten sind meist gering. Auch entstehen so weitaus seltener nachhaltige Schädigungen oder Empfindlichkeiten des Magen-Darmtraktes.
Besonders junge Katzen leiden oft monatelang unter ständig wiederkehrenden Magen- und Darmproblemen, viele dieser Katzen sterben daran. Ein Grund kann sein, daß die kleinen Katzen viel zu früh von der Mutter weggenommen wurden (sie sollten mindestens acht Wochen mit ihr zusammen bleiben, besser sind zehn bis zwölf Wochen). Aber auch auf Infektionen und Ernährung reagieren kleine Katzen häufig sehr empfindlich. Es lohnt sich immer, eine kleine Katze aufzuziehen, auch wenn sie in den ersten Monaten Probleme mit der Verdauung hat. Sie kann ein normales, oft sogar hohes Alter erreichen, wenn die problematische Zeit erst überstanden ist.

**Gründe für Magen-Darmerkrankungen können auch sein:**

Allergie, zu fettes Futter, verdorbenes Futter, zu kaltes Futter (aus dem Kühlschrank), Milch, Streß, Vergiftungen, Würmer und andere Darmparasiten. Bei ständig wiederkehrendem Durchfall sollte man auch an eine Herzerkrankung denken.
Bei Erkrankungen im Magen-Darmbereich ist wichtig, auf die Konsistenz und das Aussehen der Ausscheidungen zu achten und darauf, wann das Erbrechen erfolgt. Dies gibt dem Tierarzt Hinweise auf die Erkrankung, die erforderliche Behandlungsmethode und die richtige Ernährung.
Nicht immer, wenn eine Katze erbricht, handelt es sich um eine Erkrankung. Katzen erbrechen auch, um die Haare aus dem Magen zu entfernen. Dies ist normal und kann während des Fellwechsels häufiger auftreten. Auch wenn sie Gras fressen und dies erbrechen, ist es in den meisten Fällen normal und keine Erkrankung.

*Symptome*
Erbrechen; das Erbrochene hat verschiedene Farben, die auf die

*Erste Hilfe und Behandlung*

Wenn Erbrechen und Durchfall beginnen, das Tier aber ein ungestörtes Allgemeinbefinden hat, die Nahrung wegnehmen, als Getränk Wasser oder dünnen Fencheltee anbieten. Überprüfen, ob das Tier entwurmt und geimpft ist oder ob es Kontakt mit Katzen hatte, die an einer Infektionskrankheit leiden. Sind auch andere Tiere erkrankt, sofort mit der tierärztlichen Behandlung beginnen. Bei erwachsenen Katzen wird keine Nahrung angeboten, dafür am nächsten Tag mit einer Diät begonnen. Auch wenn die Symptome verschwunden sind, sollte man einige Tage Schonkost anbieten.

Bei jungen Katzen und bei Katzen, die ohnehin ein gestörtes Allgemeinbefinden haben, muß mit der Behandlung sofort begonnen werden, da sonst die Gefahr der Austrocknung besteht, d. h., die Katze verliert so viel Flüssigkeit, daß der Körper ganz trocken wird. Die Körperfunktionen werden nach und nach eingestellt, bis der Tod eintritt. Besonders junge Katzen können innerhalb von Stunden bis in ein bis zwei Tagen sterben, wenn sie nicht behandelt werden. Messen Sie die Temperatur und kontrollieren Sie mehrfach täglich, ob das Tier bereits beginnt auszutrocknen. Dies können Sie feststellen, indem Sie eine Hautfalte (siehe Abb. Seite 72) hochziehen. Dann streichen Sie mit der flachen Hand darüber. Die Hautfalte darf nicht mehr zu spüren sein. Können Sie die Hautfalte noch als Erhebung fühlen, oder bleibt die Haut sogar zusammengedrückt vom Körper abstehend, beginnt die Katze auszutrocknen, oder ist schon stark trocken. Wenn die Katze austrocknet, muß baldmöglichst eine Infusion verabreicht werden, da sonst der Körper möglicherweise die Infusionsflüssigkeit nicht mehr verarbeiten kann. Dies geschieht beim Tierarzt und bewirkt, daß der Flüssigkeits- sowie Mineralstoffverlust ausgeglichen wird. Die Infusionslösung enthält alle für die Katze wichtigen Stoffe, so daß eine Nahrungsaufnahme nicht erforderlich ist. Infusionen sind auch bei starkem Erbrechen angezeigt, da die Nahrungsaufnahme den Magen nur zu weiterem Erbrechen reizt und dadurch mehr Flüssigkeit ausgeschieden wird, als Sie verabreichen können. Das Erbrechen schwächt außerdem die ohnehin schon kranke Katze.

Auf jeden Fall sollte die Katze entwurmt werden (bei stark beeinträchtigtem Allgemeinbefinden nach Absprache mit dem Arzt) und bei ständig wiederkehrendem Durchfall eine Kotuntersuchung vorgenommen werden.

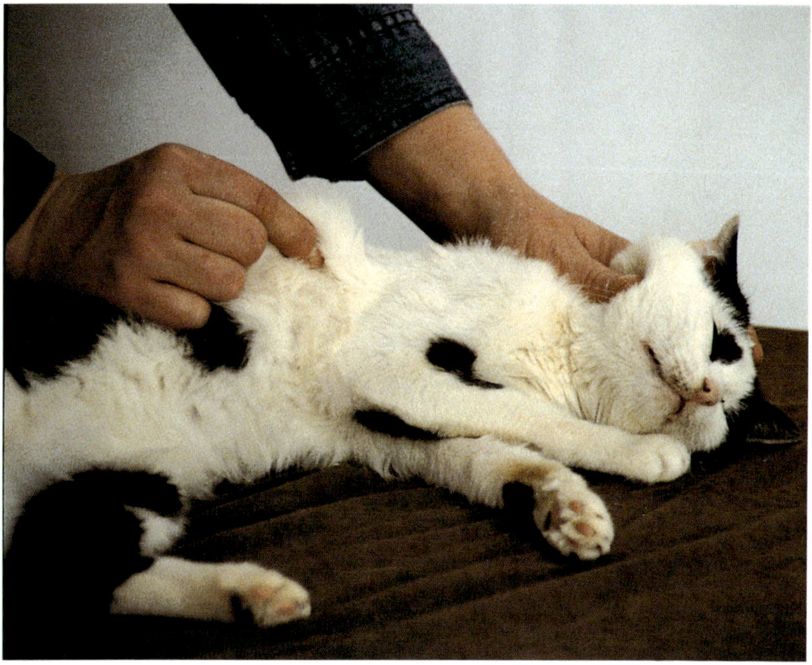

*So kontrollieren Sie, ob die Katze ausgetrocknet ist.*

Erkrankung Hinweise geben können. Erbrechen gleich nach der Mahlzeit
- Erbrochenes ist gelblich bis weiß, schaumig: Katzenseuche
- Erbrochenes wie Wasser
- Erbrechen ist oft, besonders bei Katzenseuche, sehr schmerzhaft

Durchfall; auch hier in verschiedenen Farben und von unterschiedlicher Konsistenz
- Kot gelblich, flüssig; Infektion oder Katzenseuche
- Kot wie Wasser, bräunlich, teilweise in der Katzentoilette nicht zu erkennen
- Kot sieht aus wie das gefressene Futter, Magen-Darmtätigkeit gestört
- Kot fettig-glänzend, grau bis graubraun, dickbreiig bis ganz dünn, Kotmenge sehr groß; Erkrankung der Bauchspeicheldrüse oder der Leber.

Oft ist bei Katzen der Po, teilweise einschließlich der Hinterbeine, verschmiert und verklebt, da sie sich nicht mehr putzen. Entweder sind sie zu schwach dazu, oder sie ekeln sich vor dem Geruch und dem Geschmack. Dies ist aber kein sicheres Zeichen, da einige Katzen sich noch kurz vor ihrem Tod peinlich sauber putzen. Sicherer ist es, den Kot zu kontrollieren.

*Krankheiten mit ähnlichen Symptomen*
Bakterien im Magen, Bauchspeicheldrüse, Darmparasiten, Infektionen, Katzenseuche, Lebererkrankungen, Magen- oder Darmverschluß, Magendrehung, Nierenerkrankungen, Vergiftungen, Würmer.

*Behandlung und Medikamente:*
**Medikamente bei Erbrechen:** Ipecacuanha D 6, 3 x täglich 5 Globuli, Nux vomica D 6, 3 x täglich 5 Globuli
**Medikamente bei Durchfall:** Perenterol 2 x täglich 1/2 Kapsel, junge Katzen 2 x täglich 1/4 Kapsel, oder zu jeder Mahlzeit 1/2 Tablette Tanalbin, junge Katze 1/4 Tablette Tanalbin
**Medikamente bei Blähungen:** Sab simplex, je nach Größe der Katze 2 bis 5 Tropfen; wenn alle Versuche scheitern, die Blähungen abklingen zu lassen, hilft manchmal Röntgen-Kontrastmittel (wird, falls erforderlich, vom Tierarzt verabreicht).
**Zum Aufbau des Darms:** Mucosa compositum Ampullen, China-Homaccord Ampullen, täglich je 1 ml bis zur Besserung, dann noch einige Male 1 mal wöchentlich.
**Bei Nahrungsverweigerung und für Rekonvaleszenten:** Nahrungsmittelkonzentrate wie beispielsweise Boviserin, CALO PET, Nutrical, Dosierung nach Angabe der Hersteller
**Zur Zuführung ausgeschiedener Elektrolyte:** Oralpädon mehrfach täglich 1–5 ml eingeben, falls es nicht freiwillig getrunken wird.

## Diätvorschläge und Rezepte

Eine Diät ist nur dann erfolgreich, wenn sie konsequent eingehalten wird. Dazu gehört auch, daß Sie die belastenden Nahrungsmittel meiden.

Der Sinn einer Diät ist es, Magen- und Darmtrakt zu entlasten und nur die Nahrungsmittel zu verabreichen, die mild und gut verträglich sind. Dadurch können sich die erkrankten Bereiche erholen und dann langsam wieder

**Verboten sind:**
Milch, auch verdünnt, kaltes Futter (Kühlschrank, draußen im Winter), verdorbenes Futter, fettes Fleisch, Schweinefleisch, Ölsardinen, eingelegte Speisen wie Thunfischsalat, Essensreste vom Tisch, gewürzte Speisen-, auch Dosenfutter und Trockenfutter sind in diesem Fall nicht empfehlenswert.

normale Nahrung vertragen. Eine Besserung sollte bereits nach ein bis zwei Tagen eintreten, ansonsten ist der Tierarzt zuzuziehen. Füttern Sie aber, auch bei einer deutlichen Besserung, mindestens 5 – 7 Tage Diät, damit die Symptome vollständig abklingen und es keinen Rückfall gibt. Dann können Sie wieder auf die normale Ernährung umstellen, indem Sie diese löffelweise in das Diätfutter einrühren und den Anteil langsam erhöhen, bis Sie wieder ausschließlich normales Futter geben. Rühren Sie anschließend noch einige Zeit etwas Magerquark ins normale Futter. Der Magerquark wirkt positiv auf die Darmflora.

Das Futter reichen Sie zimmerwarm und möglichst flüssig, damit es leicht verdaulich ist und die Katze bereits bei der Nahrungsaufnahme viel Flüssigkeit bekommt. Die Diätnahrung sollten Sie möglichst pürieren; wenn die Katze das ablehnt, können Sie das Fleisch oder den Fisch in kleinen Stücken zugeben.

Die Mengenangaben sind bewußt klein gehalten. Bereiten Sie das Futter möglichst frisch zur Mahlzeit zu, da viele Katzen das Futter nicht annehmen, wenn es längere Zeit gestanden hat oder eingefroren war. Nehmen Sie sich in den ersten Tagen Zeit für die Zubereitung, je besser das Futter ist, desto größer ist die Chance, daß die Katze schnell wieder gesund wird.

Roh können Sie geben: mageres Rindfleisch (achten Sie auf die Herkunft) sowie Wild, beispielsweise Hasenrücken. Dies wird auch oft von Katzen genommen, die die übrige Nahrung verweigern.

Die in den Rezepten angegebenen Zutaten können Sie untereinander tauschen, beispielsweise Hafermehl gegen Reismehl, Magerquark gegen Hüttenkäse, Rindfleisch gegen Fisch. Da Sie immer nur sehr kleine Mengen benötigen und die Diäternährung meist nur einige Tage dauert, sind auch die Kosten trotz teurer Zutaten tragbar. Außer-

dem spart eine konsequente Diät oft hohe Tierarztkosten und reduziert die Einnahme von Medikamenten, die nicht immer ohne Nebenwirkungen sind.
Wenn Sie nur wenig Zeit für die Zubereitung der Mahlzeiten haben, können Sie auch auf die ‹Babygläschen› ausweichen. Viele Katzen fressen sie gerne. Bevorzugt werden die Sorten Jungrindleber, Schinkennudeln und Rindfleisch. Es eignen sich alle Sorten mit Fleischzusatz, die Gemüse- und Obstgläschen werden oft abgelehnt. Gläschen mit festen Zutaten sollten Sie vor dem Servieren pürieren, damit sie besser verdaut werden können. Auch geeignet sind gekochte, pürierte Rinderleber und hartgekochte Eier. Außerdem erhalten Sie beim Tierarzt und in guten Zoofachgeschäften Diätnahrung oder Nahrung, die als Diätnahrung geeignet ist. Sinnvoller ist es aber, die Diät selbst zuzubereiten, da Sie schnell sehen, was die Katze mag und was sie gut verträgt. So können Sie die Diät ganz auf Ihre Katze und deren Bedürfnisse abstimmen.

**Rezeptvorschläge für Magen- und Darmdiät**

*Schollenfilet mit Reismehl*
1 Stück Schollenfilet, 1 Eßlöffel Reismehl, 1/2 Teelöffel Magerquark
Zubereitung: Das Schollenfilet in etwas Wasser aufkochen und zehn Minuten leicht kochen lassen. Das Reismehl in 3 Eßlöffeln kaltem Wasser anrühren und einrühren. Aufkochen und bei schwacher Hitze noch zehn Minuten ziehen lassen. Dabei gelegentlich umrühren. Abkühlen lassen und im Mixer pürieren. Dann den Quark einrühren und servieren.
Tip: Verwenden Sie bei allen Fischrezepten nur unpanierten Fisch und keine Fischzubereitungen, da diese gewürzt sind. Auch eingelegte Fische (Ölsardinen, Thunfischsalat) und Räucherfisch sind nicht geeignet. Anstelle des Schollenfilets können Sie auch Seelachs, Kabeljau oder anderen mageren Fisch verwenden.

*Rindfleisch mit Hafermehl*
50 g mageres Rindfleisch, 2 Eßlöffel Hafermehl
Zubereitung: Das Rindfleisch pürieren. In etwas Wasser aufkochen und 15 Minuten leicht kochen lassen. Das Hafermehl in 3 Eßlöffeln kaltem Wasser anrühren und dazugeben. Aufkochen und bei schwacher Hitze noch zehn Minuten ziehen lassen. Dabei gelegentlich umrühren. Abkühlen lassen und servieren.

*Hasenrücken mit Reismehl*
50 g Hasenrückenfleisch, 1 Eßlöffel Reismehl, 1 Teelöffel Hüttenkäse
Zubereitung: Das Hasenfleisch pürieren. In etwas Wasser aufkochen und 15 Minuten leicht kochen lassen. Das Reismehl in 3 Eßlöffeln kaltem Wasser anrühren und einrühren. Aufkochen lassen und bei schwacher Hitze noch zehn Minuten ziehen lassen. Dabei gelegentlich umrühren. Abkühlen lassen, den Hüttenkäse einrühren und servieren. Anstelle des Hasenrückens können Sie auch anderes Fleisch vom Wild, beispielsweise Reh, verwenden, wenn Sie es preisgünstiger bekommen.

Tip: Wenn der Appetit auf Ihre Diätspeisen zu wünschen übrig läßt, können Sie die Gerichte mit einigen kleinen Stücken rohem Rindfleisch oder rohem Hasenrücken verfeinern, die Sie auf den Brei legen.
Verwenden Sie kein Rinderhack vom Metzger, sondern zerkleinern Sie das Rindfleisch immer selbst. Dann können Sie sicher sein, daß Ihnen nicht aus Versehen gemischtes Hack gegeben wurde.

*Hähnchen mit Hafermehl*
50 g Hähnchenfleisch, 1/2 Möhre, 1 Eßlöffel Hafermehl, 1/2 Teelöffel Hüttenkäse
Zubereitung: Das Hähnchenfleisch und die Möhre in etwas Wasser aufkochen und garen. Dann das Hafermehl in 3 Eßlöffeln kaltem Wasser anrühren. Das Fleisch und die Möhre aus der Brühe nehmen, das Hafermehl einrühren und etwa 10 Minuten ziehen lassen. Dann alles in einen Mixer geben und pürieren. Abkühlen lassen, den Hüttenkäse einrühren und servieren.

## Herz- und Kreislauferkrankungen

Auch bei Katzen kommen Herz-Kreislauferkrankungen vor, werden aber häufig nicht ernst genommen oder nicht erkannt. Wenn sie frühzeitig wahrgenommen werden, ist der Katzenbesitzer vorbereitet und kann im Ernstfall mit den richtigen Notfallmedikamenten Erste Hilfe leisten. Herzerkrankungen treten oft in Zusammenhang mit Infektionskrankheiten auf. Das äußere Erscheinungsbild einer Katze zeigt nicht unbedingt eine mögliche Herzerkrankung, da das Herz viele Probleme eine Zeit-

*Herzerkrankungen werden häufig nicht erkannt.*

lang kompensieren kann. Herzerkrankungen stehen auch oft in Verbindung mit Erkrankungen anderer innerer Organe.
Aber auch angeborene Herzfehler kommen gar nicht so selten vor. Die Auswirkungen richten sich hierbei nach der jeweiligen Fehlbildung.
Wenn Sie den Verdacht haben, Ihre Katze könnte an einer Herzerkrankung leiden, sollten Sie das Tier in einer Tierklinik mit sehr guten Diagnosemöglichkeiten gründlich untersuchen lassen, da in den normalen Tierarztpraxen oft die teuren Geräte, beispielsweise zur Erstellung eines EKG und einer guten Ultraschalluntersuchung, fehlen, so daß keine saubere Diagnose erstellt werden kann. Nach einer klaren Diagnose kann das Tier entsprechend behandelt werden. Leider gehen auch heute noch einige Tierärzte davon aus, daß Herzerkrankungen kaum eine Rolle spielen und beziehen diese Möglichkeit also auch nicht in die nötigen diagnostischen Untersuchungen ein.

Die nachfolgende Aufstellung von Symptomen und Maßnahmen hilft bei der Behandlung Ihrer Katze.

| *Symptome* | *Erste Hilfe und Behandlung* |
|---|---|
| 1. Blasse Schleimhäute, Näschen und Fußballen (besonders gut bei hellen Katzen sichtbar) | Zur Stützung des Kreislaufes und Anregung der Herztätigkeit können Sie Crataegus Urtinktur, jeweils 3 Tropfen 1/4 stündlich bis zur Besserung, dann 3 x täglich geben, oder Notfalltropfen aus der Bach-Blütentherapie, 2 Tropfen 1/4 stündlich mehrmals. Sie können die Katze auch an einer Flasche Teebaumöl riechen lassen. Sorgen Sie für frische Luft. |
| 2. Katze ermüdet schnell | Katzen sind elegante, spielfreudige Tiere. Wenn also eine Katze (sie spielen bis ins hohe Alter) schon bei der geringsten Anstrengung ermüdet, können Sie wie unter 1. verfahren. |
| 3. Katze hechelt oft, auch wenn es nicht sehr warm ist | Wenn Katzen anfangen zu hecheln, sorgen Sie sofort für frische Luft. Ein kühler, ruhiger Raum bessert das Befinden. Regen Sie die Katze nicht auf. Dann können Sie wie unter 1. verfahren, bis sich das Befinden der Katze deutlich gebessert hat. |
| 4. Katze vermeidet Anstrengungen wie große Sprünge und Kletterpartien | Die Katze schont sich selbst. Vermeiden Sie größere Anstrengungen wie Spiele, bei denen Sie Bälle hochwerfen und die Katze zu Höchstlei- |

| *Symptome* | *Erste Hilfe und Behandlung* |
| --- | --- |
| 4. Fortsetzung | stungen anregen. Wenn das Tier spielen will, wählen Sie eine einfache Form. |
| 5. Die Katze wirkt wie aufgedunsen. Im Körper lagert sich Wasser ab, da die Herztätigkeit zu schwach ist. Anders als bei der nassen FIP ist nicht nur der Bauch dick, sondern der gesamte Körper schwemmt auf | Wenn die Katze diese Symptome zeigt, sollten Sie sofort einen Tierarzt aufsuchen. |
| 6. Kätzchen ist sehr klein und weit hinter seinen Geschwistern zurück, sieht mit 12 Wochen aus wie ein vierwöchiges Kätzchen, ständig wiederkehrender Durchfall, der trotz Behandlung nicht dauerhaft in den Griff zu bekommen ist. | Diese Tiere bedürfen besonderer Sorgfalt. Es kann sein, daß sie einen angeborenen Herzfehler haben. Wenn Sie als Katzenbesitzer sehr vorsichtig mit dem Tier umgehen, kann es sein, daß es in nicht zu schweren Fällen zu einer deutlichen Besserung führt. Die Katzen können trotzdem alt werden. |
| 7. Die Katze bekommt plötzlich nur noch schlecht Luft, atmet schwer, ringt nach Luft, ähnlich einem Menschen mit einem Asthmaanfall. | Bei einem Anfall verfahren Sie wie unter 1. beschrieben. Beachten Sie auch das Kapitel Allergien, um Asthmaerkrankungen vorzubeugen oder Anfälle zu verhindern.<br>Bei allen Herz-Kreislauferkrankungen gilt es, die Katze zu schonen. Eine salzarme Diät kann die Ansammlung von Wasser im Körper verhindern oder wenigstens reduzieren und so die Belastung verringern. |

*Symptome*

8. Die Katze beginnt zu hecheln, die Schleimhäute werden blaß bis blau, sie beginnt zu taumeln und schwankt unkontrolliert herum. Die Symptome sind teilweise ähnlich wie bei Medikamentenunverträglichkeit und Herz-Kreislauferkrankungen. Die Ursache ist meist, daß die Katze bei großer Hitze im Auto gelassen wurde, oder aber lange Fahrten bei großer Hitze. Eine weitere Gefahr ist, daß sich die Katze im Wäschetrockner befindet und Sie diesen anstellen. Die Katze hat einen Hitzschlag.

*Erste Hilfe und Behandlung*

Bei einem Hitzschlag muß die Katze sofort abgekühlt werden. Aus der Wärme bringen, den Körper mit feuchten, kalten Tüchern einwickeln, einen Beutel mit Eiswürfeln immer wieder 1–2 Minuten an den Kopf halten. Erneuern Sie die Tücher häufig, damit eine schnelle Abkühlung erfolgt. Sie können die Katze auch mit kaltem Wasser begießen oder abduschen, bis die Symptome abklingen. Den Kreislauf stärken wie unter 1. beschrieben. Sofort zum Tierarzt. Eine schnelle Behandlung ist wichtig, da sonst dauerhafte Schädigungen (am Gehirn, dadurch an der Motorik) vorkommen können.

*Erste Hilfe und Behandlung*
Bei einem akuten Herz-Kreislaufproblem bedeutet ein Transport oft eine Gefahr. Leisten Sie erst einmal Erste Hilfe, um die Katze zu stabilisieren, und holen Sie also erst telefonisch den Rat eines Tierarztes ein, bevor Sie die Katze durch eine Fahrt in noch größere Gefahr bringen. Auch sind die Symptome oft so unklar, daß Sie Ihre Diagnose durch den Tierarzt bestätigen lassen sollten.

*Krankheiten mit ähnlichen Symptomen*
FIP; FIV, Infektionskrankheiten, Leukose, Schock, Streß, Unfälle.

# Erkrankungen der inneren Organe

Katzen leiden häufig unter Erkrankungen der inneren Organe. Hier gilt, genau wie bei vielen anderen Erkrankungen auch, daß bei Früherkennung die Chance auf Heilung oder zumindest Stillstand der Erkrankung deutlich größer ist.
Diese Erkrankungen werden oft erst sehr spät erkannt, obwohl sie weitverbreitet sind, weil sie im Anfangsstadium das Allgemeinbefinden oft nur wenig beeinflussen.
Bei allen Erkrankungen der inneren Organe ist Diät wichtig, um die Lebenserwartung zu verlängern. Wenig mageres Fleisch, oft bevorzugt helles Fleisch (Hähnchen, Pute), kein Fett. Eine strikte Einhaltung der Diät ist wichtig, damit die Organe sich (was oft möglich ist) weitgehend regenerieren können.

## Erkrankung der Nieren

Sehr häufig leiden Katzen an unerkannten Nierenerkrankungen. Diese werden auch im Blutbild nicht immer erkannt, weil die eine Niere oft die Arbeit der kranken Niere mit übernimmt, so daß die Blutwerte erst schlecht werden, wenn beide Nieren geschädigt sind.

*Symptome*
Häufiges oder seltenes Trinken, Ängstlichkeit, Unruhe, Übelkeit bis zum Erbrechen, Katze geht zum Freßnapf und wendet sich

*Erste Hilfe und Behandlung*
Behandlung durch den Tierarzt, Diät, Infusionen zur Durchspülung der Nieren und vermehrten Ausscheidung der Giftstoffe. Die Infusionen sind sehr wichtig, da die Katze die nötige Flüssigkeitsmenge nicht oral aufnehmen kann. Sprechen Sie also den Tierarzt auf Infusionen an (es reicht meist, wenn unter die Haut infundiert wird).
Beim Tierarzt erhalten Sie Diätfutter in Dosen, außerdem eignen sich helles Fleisch (Geflügel). Milchprodukte, alle Nahrungsmittel mit viel Eiweiß sind möglichst zu meiden. Wichtig ist die Aufnahme von viel Flüssigkeit in Form von Wasser oder Brühe, Milch verstärkt oft die Magen-Darmprobleme und schwächt somit die Katze. Wichtig ist, daß die Katze wenig, aber hochwertiges Eiweiß erhält.

angewidert ab, daraus resultierend sind Nahrungsverweigerung und Appetitlosigkeit, Hautschuppen, Urin trüb, teilweise Blut enthaltend.

*Krankheiten mit ähnlichen Symptomen*
Magen-Darmerkrankungen, Infektionen, Katzenseuche, Hauterkrankungen.

## Erkrankung der Leber

Die Leber ist dafür mitverantwortlich, den Körper zu entgiften. Sie kann sich nach Erkrankungen gut wieder regenerieren, wenn die Schädigungen noch nicht zu groß sind. Lebererkrankungen lassen sich schlecht feststellen, weil die Symptome oft nur leicht sind und bei anderen Krankheiten auch auftreten. Lebererkrankungen können hervorgerufen werden durch Vergiftungen, Erkrankungen anderer innerer Organe, Viren und Bakterien. In den Bereich der Lebererkrankungen fällt auch die Gelbsucht.

*Symptome*
Erbrechen, Apathie, Appetitlosigkeit, Zurückgezogenheit, Kot lehmfarben bis gelb, manchmal grau, schmierig; bei Gelbsucht gelbe Augen und Schleimhäute.

*Krankheiten mit ähnlichen Symptomen*
Nierenerkrankungen, Gelbsucht tritt auch oft bei FIP im Endstadium auf, falsche Ernährung, Vergiftung.

*Erste Hilfe und Behandlung*
Behandlung durch den Tierarzt, fettarme Diät, viel Flüssigkeit.

## Erkrankung der Bauchspeicheldrüse

Erkrankungen der Bauchspeicheldrüse kommen zwar nicht allzu häufig vor, sind aber nur schlecht zu behandeln und daher für den Patienten gefährlich. Es kommt hauptsächlich darauf an, mit Diät die Katze soweit beschwerdefrei oder beschwerdearm zu halten, damit ihr Leben lebenswert ist.

*Symptome*
Guter Appetit, aber einige Nahrungsmittel werden abgelehnt,

Abmagerung trotz Nahrungsaufnahme, Durst, große Kotmenge, Kot fettig glänzend.

*Krankheiten mit ähnlichen Symptomen*
Magen-Darmerkrankungen, Lebererkrankungen.

*Erste Hilfe und Behandlung*
Diät mit magerem Fleisch, Eiern, Milchprodukten, beim Tierarzt erhalten Sie einen Zusatz, der die Verdauung des Futters positiv beeinflußt.

## Augenverletzungen und -erkrankungen

Auch wenn das Katzenauge gut geschützt ist, kommt es durch andere Katzen oder Gräser leicht zu Verletzungen. Äußere Zeichen einer Augenverletzung sind das vorgefallene dritte Augenlid, tränender bis eitriger Ausfluß, Schwellungen um das Auge oder eine Verletzung am Auge selbst.
Die Ursache für Verletzungen und Erkrankungen am Auge sind vielfältig und bedürfen einer sorgfältigen Behandlung, um Spätschäden zu vermeiden oder möglichst gering zu halten.
Mit schnell einsetzender Behandlung und Anpassung der Medikamente auf die jeweils neue Situation können die Augen sich gut regenerieren. Wichtig ist, die Behandlung mit einem guten Tierarzt abzustimmen und teilweise auch über einen langen Zeitraum durchzuführen, bis eine deutliche Besserung aufgetreten ist. Trübungen der Hornhaut können mit entsprechenden Salben teilweise noch aufgehellt werden und fallen dann weniger auf. Auch sieht die Katze dadurch besser.
Wenn bei geschwollenen, eitrigen Augen nach Verabreichung

*Alter Kater mit Trübung der Hornhaut des rechten Auges.*

von Medikamenten nicht innerhalb von ein bis zwei Tagen eine deutliche Besserung auftritt, sollten Sie mit dem Tierarzt ein anderes Medikament aussuchen, um Schäden am Auge zu verhindern. Katzen können mit Sehstörungen sehr gut fertig werden. So ist es für sie kein Problem, wenn sie auf einem Auge nur noch wenig oder nichts mehr sehen; auch wenn ein Auge entfernt werden muß, kann die Katze glücklich und zufrieden leben. Wir selbst haben eine blinde Katze aufgenommen und jahrelang gehabt. Sie hat sich schnell orientiert und in Haus und Garten ausgezeichnet zurechtgefunden. Sie konnte problemlos Treppen steigen und Bäume erklimmen. Auf Zuruf kam sie freudig angelaufen und spielte auch mit den anderen Katzen. Selbstverständlich hatte unsere Katze einen geschützten Bereich, unsere Katzen können den Garten nicht verlassen. Blinde Katzen sollten nicht unbeaufsichtigt völlig frei laufen, da sie dann Gefahren durch Straßenverkehr und andere Tiere ausgesetzt sind.

Die nachfolgende Aufstellung hilft Ihnen bei der Behandlung Ihrer Katze.

*Krankheiten mit ähnlichen Symptomen*
bei:
1. Katzenschnupfen, Würmern
4. FIP

*Symptome*

1. Tränende Augen, eitriger Ausfluß, Entzündungen mit Rötung und Schwellung ums Auge herum, Auge wird geschlossen gehalten, Trübungen der Hornhaut

*Erste Hilfe und Behandlung*

Wenn Fremdkörper im Auge sichtbar vorhanden sind, falls möglich vorsichtig entfernen, wenn sie nicht ins Auge selbst eingedrungen sind; beobachten, ob Rötung, Tränenfluß oder Eiter auftreten.
Auge mit warmem Wasser und einem nicht fusselnden Tuch vorsichtig säubern, mehrfach wiederholen. Wenn am nächsten Tag keine Besserung aufgetreten ist, den Tier-

| | |
|---|---|
| 1. Fortsetzung | arzt aufsuchen. Keinen Tee kochen, um damit das Auge auszuwaschen, er enthält kleine Partikel, die das Auge nur noch mehr reizen können. Weitere Behandlung durch den Tierarzt, wenn das Auge eitrig und stark geschwollen ist, möglichst am gleichen Tag. Er wird das erforderliche Medikament aussuchen. |
| 2. Verletzungen der Hornhaut, Auge blutunterlaufen | Bei Verletzungen der Hornhaut keine kortisonhaltigen Tropfen oder Salben verwenden, Behandlung durch den Tierarzt, Behandlung sehr vorsichtig, da das Auge durchbrechen kann. |
| 3. Ein Auge vergrößert | Behandlung durch den Tierarzt, Augenflüssigkeit kann nicht abfließen, eventuell muß das Auge entfernt werden, manchmal bleibt das Auge nur einfach größer, dann ist keine Behandlung nötig.<br>Tumor drückt von innen auf das Auge, Behandlung schwierig, die Entscheidung trifft der Tierarzt. |
| 4. Erguß dunkel bis blutig von innen ins Auge, das betroffene Auge sieht am Anfang dunkler aus, das Allgemeinbefinden verschlechtert sich innerhalb der nächsten Tage. | Diagnose stellt der Arzt, Behandlung nicht möglich, heilt manchmal von selbst wieder ab. |

| | |
|---|---|
| 5. Am Auge selbst ist nichts zu sehen, die Katze sieht aber immer schlechter, sie bewegt sich unsicher, schaut ganz konzentriert, um etwas zu erkennen. | Die Sehfähigkeit läßt nach, endgültige Diagnose stellt der Tierarzt. |
| 6. Drittes Augenlid (Nickhaut) fällt vor, teilweise fast über das ganze Auge. | Entwurmung, höhere Luftfeuchtigkeit im Raum (Duftlampe mit Teebaumöl), bei Lähmung der Nickhaut zum Tierarzt. |
| 7. Das Auge bekommt plötzlich dunkle Flecken. | Tumor hinter dem Auge, Lebererkrankung, die Behandlung bestimmt der Tierarzt. |
| 8. Das Auge wird gelb, auch die Schleimhäute. | Lebererkrankung, Gelbsucht, teilweise aufgrund von FIP; Diät, Behandlung durch den Tierarzt. |
| 9. Fremdkörper im Auge. | Kleine Fremdkörper im Auge wie Haare wird die Katze selbst entfernen oder Sie können helfen, indem Sie von außen nach innen vorsichtig wischen. Größere oder gefährliche Fremdkörper wie Glassplitter, die das Auge verletzen können, oder schon verletzt haben, werden vom Tierarzt entfernt.<br>Transportieren Sie die Katze dunkel, damit sie nicht am Auge reibt oder stark die Augen und die Augenlider bewegt. Dazu setzen Sie die Katze in einen Transportkorb und |

9. Fortsetzung

decken diesen ab oder wickeln sie ganz in ein großes Tuch. Wenn möglich sollte eine weitere Person mitfahren, die die Katze beruhigt und verhindert, daß sie am Auge reibt. Gehen Sie sofort zum Tierarzt, um größere Schäden zu vermeiden.

# Abszesse

Abzesse entstehen bei Katzen leicht, da kleine Verletzungen oft unter dem Fell nicht gleich festgestellt werden. Das kann selbst dem sorgsamsten Katzenbesitzer passieren. Dornen, Krallen oder Zähne von Artgenossen oder anderen Tieren lassen auf der Haut nur ein winziges Loch zurück. Die Wunde verschließt sich äußerlich und beginnt unter der Haut Eiter zu bilden. Je früher

*Erste Hilfe und Behandlung*
Wenn Sie einen Abszess festgestellt haben, können Sie diesen äußerlich mit Teebaumöl betupfen. Sie sollten den Abszess auf gar keinen Fall selbst öffnen, daß ist Sache des Tierarztes, der auch eher feststellen kann, ob der Abszess ›reif‹ ist. Homöopathisch können Sie der Katze Myristica sebifera im Wechsel mit Echinacea geben. So öffnet der Abszess sich schneller oder heilt ab. Bei großen Abszessen oder wenn sie tief unter der Haut liegen, ist ein Tierarztbesuch auf jeden Fall angezeigt, damit der Abszess sich nicht nach innen öffnet und das Tier in Lebensgefahr gerät. Vereiterungen im Gesicht sollten baldmöglichst behandelt werden, da sich dort sonst Kanäle bilden, die unter der Haut den ganzen Kopf durchziehen können und dann nur noch schlecht abheilen. In der Regel lassen sich aber Abszesse bei Katzen gut behandeln und heilen problemlos ab.

der Abszess entdeckt wird, desto einfacher und schneller heilt er ab.

*Symptome*
Kleine Verkrustungen auf der Haut, die darunter eine Beule bilden, zu erfühlen, wenn Sie mit der Hand über das Fell streicheln oder wenn Sie die Haut zwischen die Finger nehmen.

*Krankheiten mit ähnlichen Symptomen*
Krebs, gutartige Tumorerkrankungen

# Erstickungsanfälle, Atemnot, Herzstillstand

Es kann auch bei Katzen vorkommen, daß etwas im Hals steckenbleibt oder, beispielsweise durch einen Insektenstich, die Schleimhäute der Nase so stark anschwellen, daß die Atmung erschwert oder unmöglich wird. In diesem Fall ist Erste Hilfe oft lebensrettend, denn auch bei Katzen gibt es die Möglichkeit der Mund-›zu Schnäuzchen‹-Behandlung und der Herzdruckmassage.

## Erstickungsanfälle und Atemnot

*Symptome*

1. Ziehende Geräusche beim Atmen, Atmung mit geöffnetem Mäulchen, reibende Bewegungen mit der Pfote an der Nase und am Mäulchen, Niesen, ängstlicher Gesichtsausdruck, geweitete Pupillen, beschleunigter Herzschlag, Katze legt sich auf die Seite.

*Erste Hilfe und Behandlung*

Die Behandlung richtet sich nach der Ursache. Kontrollieren, ob ein Fremdkörper im Hals oder in der Nase steckt, wenn möglich entfernen, sonst zum Tierarzt.
Schleim oder Erbrochenes entfernen. Katze beruhigen, Nase kühlen (mit kaltem Tuch oder Eis), für frische Luft sorgen. Ursache feststellen und behandeln.

| | |
|---|---|
| 2. Verschobener Gesichtsbereich, Blut tritt aus Nase, Mund und Ohren aus, Pupillen sind starr und geweitet, eventuell ungleichmäßig | Katze ruhig lagern, Blutung durch vorsichtiges Kühlen stillen, sofort zum Tierarzt. |
| 3. Atemnot und Erstickungsanfälle durch Allergien oder Insektenstiche | siehe Seiten 92 und 94 |

## Atemstillstand

Achtung: Kontrollieren Sie, ob es wirklich zu einem Atemstillstand gekommen ist. Wenn die Katze noch atmet, können Sie durch Mund - zu - Schnäuzchen - Beatmung einen Atemstillstand auslösen. Beobachten Sie, ob der Brustkorb der Katze sich, vielleicht auch nur ganz leicht, hebt und senkt. Wenn Sie nichts sehen, legen Sie die Hand leicht auf den Brustkorb und versuchen, eine Bewegung zu spüren.
Bei Atemstillstand Mund-zu-Schnäuzchen-Beatmung: Bevor Sie mit der Beatmung beginnen, schauen Sie in das Schnäuzchen, ob Erbrochenes oder ein Fremdkörper zu sehen sind. Wenn ja, müssen Sie diese entfernen, da sie sonst bei der Beatmung in die Lunge dringen können. Legen Sie die Katze auf die Seite (möglichst rechts), biegen Sie den Kopf nach hinten. Das Mäulchen bleibt geschlossen.
Legen Sie ein dünnes Tuch (Taschentuch) über die Nase. Dann gehen Sie mit Ihrem Mund über die Nase des Kätzchens. Atmen Sie dann 5mal Ihren Atem in die Nase der Katze, achten Sie dabei darauf, daß die Katze ein weitaus kleineres Lungenvolumen hat als Sie.
Wenn die Atmung nicht wieder einsetzt, wiederholen Sie den Vorgang, bis die Atmung wieder eingesetzt hat. Machen Sie jeweils zwischen 5 Atemstößen einige Sekunden Pause und kontrollieren Sie, ob die Atmung wieder eingesetzt hat. Das sollte nach spätestens 10 Minuten der Fall sein, wenn nicht, sollten Sie mit Ihren Bemühungen aufhören.
Hat die Atmung wieder eingesetzt, wird die Katze ruhig gehalten und beobachet, um einen erneuten Atemstillstand sofort zu erkennen. Die Katze sollte zur

Untersuchung und Feststellung der Ursache zum Tierarzt gebracht werden, wenn sich die Atmung stabilisiert hat.

*Krankheiten mit ähnlichen Symptomen*
Katzenschnupfen (Nase ist verstopft), Vergiftung.

## Herzstillstand

Herzstillstand kann aufgrund einer Herzerkrankung, aber auch durch einen Unfall hervorgerufen werden. Das Herz hört auf zu schlagen, der Puls ist nicht mehr tastbar.
Auch ein nicht erkannter Atemstillstand kann zu einem Herzstillstand führen. Nur sofortige Hilfe kann das Leben der Katze noch retten.

*Symptome*
Katze liegt bewegungslos auf der Seite, Herzschlag ist nicht sichtbar, Puls nicht tastbar.

*Erste Hilfe und Behandlung*
Bevor Sie mit der Beatmung beginnen, schauen Sie in das Schnäuzchen, ob Erbrochenes oder ein Fremdkörper zu sehen sind. Wenn ja, müssen Sie diese entfernen, da sie sonst bei der Beatmung in die Lunge dringen können. Die Katze auf die rechte Seite legen. Testen Sie den Pulsschlag, indem Sie zwei Finger an die Innenseite in die Nähe der Leiste (unter dem Hinterbein) legen und leicht drücken, oder indem Sie Ihre Finger hinter dem Vorderbein bis etwa zur Mitte des Brustkorbes rutschen lassen. Dabei schieben Sie die Hand noch etwas nach vorne. So fühlen Sie den Puls – das Blut pulsiert in den Arterien – und vorn auch den Herzschlag. Verschieben Sie die Hand etwas, wenn Sie nichts spüren. Atmung und Puls- bzw. Herzschlag sollten Sie einmal bei Ihrer gesunden Katze testen. Es belastet diese nicht, und Sie merken, wie es sich anfühlen soll.
Bei Herzstillstand gehen Sie wie folgt vor: Die Katze wird zweimal beatmet, dann lassen Sie Ihre Finger hinter dem Vorderbein bis etwa zur Mitte des Brustkorbes herunterrutschen. Dann drücken Sie (mindestens einmal pro Sekunde) im gleichen Rhythmus nicht zu fest, aber trotzdem fest genug, daß der Druck auf die großen Gefäße und auf das Herz einwirkt, zehnmal. Dann wieder zweimal beatmen und Druckmassage wiederholen. Nach etwa einer Minute kontrollieren Sie, ob Atmung und Puls wieder eingesetzt haben. Wenn der Herzschlag nicht wieder zu fühlen ist, wiederholen Sie den Vorgang. Wenn der Herzschlag wieder einsetzt, die Atmung aber nicht, weiter beatmen. Nach 10 Minuten sollten Herzschlag und Atmung wieder eingesetzt haben, sonst sollten Sie mit Ihren Bemühungen aufhören.
Wenn Herzschlag und Atmung wieder eingesetzt haben, wird die Katze ruhig gehalten und beobachtet, um einen erneuten Herzstillstand sofort zu erkennen und die Behandlung zu wiederholen. Die Katze sollte zur Untersuchung und Feststellung der Ursache zum Tierarzt gebracht werden, wenn sich der Herzschlag stabilisiert hat.

◁ *Herzerkrankungen – aber auch Unfälle – können einen Herzstillstand hervorrufen.*

# Allergien

Unsere Katzen bleiben auch von Allergien nicht verschont. Dies kann verschiedene Ursachen haben. Leichte Allergien bleiben dem Katzenbesitzer oft verborgen, erst wenn deutliche Anzeichen vorliegen und immer wieder auftreten, wird daran gedacht, daß eine Allergie vorliegen könnte. In den letzten Jahren begann man aber, den Allergien bei Katzen größere Bedeutung beizumessen. Die Erkennung und Behandlung ist genau so schwer wie beim Menschen.

## Mögliche Allergieauslöser

Flöhe, andere Hautparasiten, aber auch Mittel, die diese Parasiten abtöten sollen. Flohhalsbänder, Medikamente, Nahrungsmittel, Putz- und Reinigungsmittel, Kosmetikartikel, Flokatiteppiche, praktisch alle Stoffe und Dinge, mit denen eine Katze in Berührung kommt.

*Symptome*
Das Problem bei Allergien ist, daß die Symptome nicht immer eindeutig sind. Sie können von fast allen Allergenen ausgelöst werden. Die Behandlung der äußeren Symptome entspricht dem Erscheinungsbild, beispielsweise wird bei leichten Verletzungen der Haut eine Wund- und Heilsalbe aufgetragen.

## Allergiensymptome verhindern heißt, die Allergene meiden

Bei allen Allergien ist es entscheidend herauszufinden, worauf die Katze reagiert. Teilweise ist es möglich, diese zu meiden, beispielsweise bei einer Flohallergie, wenn Sie sofort etwas gegen den Flohbefall tun. Bei einer Nahrungsmittelallergie ist es sehr schwierig, dies herauszufinden, da oft die gleichen Inhaltsstoffe auch im Diätfutter enthalten sind. Sie müssen versuchen, durch eine Ausgrenzungsdiät die Inhaltsstoffe oder Zutaten herauszufinden, die von Ihrer Katze nicht vertragen werden. Das ist in den meisten Fällen sehr schwierig, da Sie der Katze über einen Zeitraum von drei Wochen ausschließlich gekochten Reis mit Hüttenkäse geben dürfen. Bereits ein Leckerchen zwischendurch macht den Erfolg zunichte. Bei einer Katze mit freiem Auslauf ist dies nur möglich, wenn sie zusätzlich konsequent eingesperrt wird. Nach den drei Wochen versuchen Sie, andere Nahrungsmittel beizumischen, um

| *Symptome* | *Erste Hilfe und Behandlung* |
| --- | --- |
| 1. Floh- und Hautparasitenallergie: Kratzen (oft am Hals und unter dem Kinn), teilweise bis blutig und haarlos um den ganzen Hals, kleine Pusteln, oft am ganzen Körper oder an der Schwanzwurzel. Haarlose Stellen am Hals und Hautverletzungen können auch von Flohhalsbändern kommen. | Die Verletzungen der Haut werden mit Heilsalbe oder Teebaumöl (konzentriert, aber sparsam auf kleine Wunden aufgetragen) behandelt. Bei einer Flohallergie ist entscheidend, daß Sie die Flöhe und anderen Hautparasiten gründlich bekämpfen. |
| 2. Allgemeine Allergiesymptome: Kratzen am Kopf, am Ohr oder am ganzen Körper, bis dieser blutig ist, daraus entwickeln sich ohne Behandlung oft Ekzeme, schuppige Haut, haarlose Stellen am Körper, Ausfluß aus Mund und Nase, Atembeschwerden wie unter 3. | Die äußeren Symptome behandeln Sie bei Verletzungen der Haut mit Heilsalbe oder bei kleinen Wunden mit Teebaumöl, bei Ausfluß aus der Nase halten Sie Teebaumöl in die Nähe, damit die Schleimhäute abschwellen und die Atmung erleichtert wird. Kühlen Sie die Nase von außen mit kalten, feuchten Tüchern oder Eis. Beruhigen Sie die Katze und sorgen Sie für frische Luft. |
| 3. Asthma oder Allergiesymptome der Atemwege: röchelnder Atem, nach Luft ringen, offener Mund, Ausfluß aus Nase und Mund, bei Asthma kommt es auch zwischendurch zu erschwerter Atmung, ohne besonders starke Symptome. | Bei einem Asthmaanfall oder Atemnot sorgen Sie sofort für frische Luft. Beruhigen Sie die Katze und stellen Sie eine Duftlampe mit je 2 Tropfen Teebaumöl, Salbeiöl und Fenchelöl auf. |

die Reaktion der Katze festzustellen. Verwenden Sie dabei keine Fertigprodukte, da diese verschiedene Inhaltsstoffe enthalten. Füttern Sie anschließend eine Diät, die Ihre Katze möglichst verträgt. Weisen Sie den Tierarzt immer, auch wenn Sie häufiger kommen, auf eine Medikamentenallergie hin.

*Krankheiten mit ähnlichen Symptomen*
Lebererkrankungen, Nierenerkrankungen, Pilzerkrankungen, Ohrmilben.

## Insektenstiche

Insektenstiche kommen immer wieder vor. Wenn sie am Körper sind, heilen sie meist in einigen Tagen wieder ab. Es kommt aber oft vor, daß Katzen Insekten verschlucken und dann in den Mund oder den Hals gestochen werden. Hier ist sofortige Hilfe nötig.

*Insektenstiche kommen häufig vor.*

*Symptome*
Atmung mit offenem Mund, ziehende Atemgeräusche, Gesicht sieht in Teilbereichen geschwollen aus, Katze wirkt gestreßt, wischt mit den Pfoten über den Kopf.

*Krankheiten mit ähnlichen Symptomen*
Verletzungen, die Schwellungen hervorrufen, Abszesse und geschwollene Lymphknoten.

*Erste Hilfe und Behandlung*
Der Mund/Halsbereich muß sofort gekühlt werden. Am besten kühlen Sie von außen, da die Wirkung von innen nicht so gut zu erzielen ist. Verwenden Sie alles, was kalt ist, es kann auch Speiseeis sein. Feuchte kalte Tücher um den Hals wickeln, Eis oder feuchte, kalte Tücher auf den Kopf legen. Suchen Sie so schnell wie möglich einen Tierarzt auf.

# Seltenere Erkrankungen

Es gibt einige Erkrankungen bei Katzen, die zwar eher selten vorkommen, aber teilweise doch erfolgreich behandelt werden können, wenn sie richtig diagnostiziert werden. Für den Tierbesitzer sind sie nicht immer leicht zu erkennen, wer denkt schon daran, daß die geliebte Katze taub sein könnte?

## Bakterien im Magen

Bakterien im Magen können zu schweren Erkrankungen führen, die sogar zum Tode führen kann. Die Behandlung der Katze durch einen Tierarzt ist sehr wichtig.

*Symptome*
Magen aufgebläht, teilweise so stark, daß die Atmung erheblich erschwert ist, Erbrechen, Appetitlosigkeit, Apathie.

*Krankheiten mit ähnlichen Symptomen*
Futterunverträglichkeit, Infektionskrankheiten, Katzenseuche, Magen-Darmverschluß, Magen-Darmerkrankungen, Würmer und andere Darmparasiten.

*Erste Hilfe und Behandlung*
Kein Futter anbieten oder eingeben, sofort zum Tierarzt, da die Katze in schweren Fällen ersticken kann.

*Viele Krankheiten sind nicht leicht zu erkennen.*

## Erblindung

Katzen können aufgrund von Infektionskrankheiten, nicht behandelten Augenerkrankungen wie beispielsweise der Katzenschnupfen, Unfällen, Tumoren und vielem mehr erblinden. Blindheit ist für im Haus gehaltene Katzen kein Problem.

*Symptome*
Trübe Augen, die wie mit einem weißen bis grauen Schleier überzogen sind, fehlende Augen oder geschrumpfte Augen, die Katze stößt beim Laufen häufig an Gegenstände an, sie setzt die Füße, indem sie die Vorderpfoten deutlich anhebt.

*Erste Hilfe und Behandlung*
In der Regel keine, die endgültige Diagnose sollte aber ein auf Augen spezialisierter Tierarzt stellen, da teilweise die Erkrankung noch gebessert werden kann. Bei einer völlig erblindeten Katze ist es sinnvoll, im Haus möglichst wenig Veränderungen vorzunehmen, da sie sich dann gut orientieren kann. Auch blinde Katzen spielen in gewohnter Umgebung oft begeistert.

## Epilepsie

Sie rührt von Veränderungen in bestimmten Gehirnbereichen her. Die Anfälle können mehrmals täglich, aber auch nur alle paar Wochen oder Monate auftreten. Epileptische Katzen können mit der entsprechenden Behandlung und unter Aufsicht des Menschen (Haltung im Haus und eingezäunten Garten) glücklich und gut leben.

*Symptome*
Zuckungen, Bewußtseinsstörungen, unbewußter Harn- und Kotabsatz, meist nur kurzzeitig (unter oder etwa 1 Minute), teilweise vorher Unruhe oder Apathie, wird aber meistens nicht bemerkt.

*Erste Hilfe und Behandlung*
Wenn die Katze einen Anfall bekommt, muß man darauf achten, daß sie sich nicht verletzen kann. Die Behandlung erfolgt medikamentös, wobei nur die Anfälle unterdrückt oder reduziert werden können.

## Gehirnschäden

Sie können infolge eines Unfalles oder Schlages, aber auch einer Infektionserkrankung auftreten. Bei Meningitis (Gehirnhautentzündung) ist eine Isolation und vorsichtige Behandlung wichtig, da die Ansteckungsgefahr auch auf den Menschen nicht unterschätzt werden sollte.

*Symptome*
Ängstliches oder aggressives Verhalten, nicht einschätzbar, da ständig wechselnd, Schiefstellung des Kopfes, Wesensveränderung.

*Erste Hilfe und Behandlung*
Häufig erzielt man gute Erfolge mit Gelsemium und Arnika, das im Wechsel alle zwei Stunden über einige Tage gegeben wird. Eine Besserung kann innerhalb der ersten zwei bis drei Wochen auftreten, anschließend sind die Fortschritte meist nur noch gering.

## Magen-Darmverschluß

Ein Magen-Darmverschluß entsteht, wenn sich etwas vor den Ausgang des Magen legt oder im Darm festsetzt. Hierbei kann es sich um einen Fremdkörper oder einen Haarballen handeln. Gefährlich sind Gummibänder, Fäden, Bänder von Rollbraten und Luftballons.

*Symptome*
Erbrechen, Apathie, Appetitlosigkeit, aufgeblähter Bauch, Atembeschwerden, schnelle Verschlechterung des Allgemeinzustandes.

*Krankheiten mit ähnlichen Symptomen*
Magen-Darmerkrankungen, Bakterien im Magen

*Erste Hilfe und Behandlung*
Wenn Sie feststellen, daß die Katze gerade einen Fremdkörper gefressen hat, gehen Sie gleich zum Tierarzt. Er kann Erbrechen auslösen, damit der Fremdkörper wieder ausgeschieden wird. Sonst muß eine Röntgenaufnahme gemacht und genau beobachtet werden, eventuell ist eine schwierige Operation erforderlich.

## Magendrehung

Sehr selten, Symptome wie beim Magen-Darmverschluß.

*Taubheit ist besonders bei weißen Katzen häufig angeboren.*

## Taubheit

Teilweise angeboren, besonders häufig bei weißen Katzen, kann aber auch durch einen Unfall oder unbehandelte Entzündungen und Infektionen im Ohrbereich entstehen.

*Symptome*
Die Katze dreht den Kopf ›fragend‹ in die Richtung, aus der die Ansprache kommt, sie reagiert nicht auf Geräusche, wenn der Besitzer ins Zimmer kommt, kann aber die Erschütterung wahrnehmen. Daher ist Taubheit schwer zu erkennen, sie wird manchmal erst nach Jahren bemerkt.

*Erste Hilfe und Behandlung*
Bei Erkrankungen des Ohres (Entzündungen, Ohrmilben) Ohr säubern, die Diagnose über eine mögliche Heilung stellt der Tierarzt.

## Wasserkopf

Der Kopf wird in den ersten Lebenswochen unverhältnismäßig groß, wenn das Kätzchen läuft, neigt es den schweren Kopf stark zu Boden, die allgemeine Entwicklung ist gestört, Heilungsmöglichkeiten bestehen nicht. Meistens muß das Tier eingeschläfert werden, da es Schmerzen bekommt und das Allgemeinbefinden immer stärker gestört wird.

# Trächtigkeit, Geburt und Behandlung der Neugeborenen

Trächtigkeit, Geburt und Aufzucht der Jungen erledigt in der Regel die werdende Katzenmutter. Trotzdem kann es passieren, daß während der Trächtigkeit, der Geburt und mit den Katzenbabys Probleme auftreten. Hierbei ist es wichtig, die Hinweise auf die Probleme zu erkennen und sie zu lösen.
Unabhängig von Problemen sollten Sie Ihre Katze während der Trächtigkeit und Aufzucht der Kätzchen gut ernähren, damit sie die Belastung besser übersteht. Das heißt natürlich nicht, daß Sie auf eine große Gewichtszunahme achten sollen, sondern auf ausgewogenes, qualitativ wertvolles Futter.

## Trächtigkeit

Die Trächtigkeit einer Katze dauert durchschnittlich 63 Tage (9 Wochen) und ist für die meisten Tiere kein Problem. Etwa ab der vierten Woche beginnt das Bäuchlein sich zu runden, so daß der Besitzer langsam sehen kann, daß die Katze Mutterfreuden entgegensieht. Bis zum Ende der Trächtigkeit hin werden einige Tiere bequem und ruhiger, teilweise nehmen sie stark an Leibesfülle zu, was aber kein eindeutiger Hinweis auf die Zahl der Jungkatzen ist. Bei anderen Katzen sieht man kaum, daß sie zugenommen haben, trotzdem werfen sie vier kräftige junge Kätzchen.
Anfangs ist es schwierig – sogar für den Tierarzt – festzustellen, ob das Tier trächtig ist, da man die Kätzchen nur sehr schwer fühlen kann. Wenn der Bauch sich deutlich zu runden beginnt, wird dies einfacher. Aber auch für den Katzenbesitzer gibt es dann Möglichkeiten, die Trächtigkeit festzustellen. Beobachten Sie die Katze, wenn sie schläft. Plötzlich bewegt sich eine Stelle am Bauch und eine kleine Beule erscheint und verschwindet wieder. Wenn Sie die Hand leicht auf den Bauch legen, spüren Sie, wie die Kätzchen sich im Mutterleib bewegen. Teilweise wird geraten, im späteren Verlauf der Trächtigkeit eine Röntgenaufnahme an-

fertigen zu lassen, um festzustellen, wieviel Kätzchen zu erwarten sind. Dies ist aber für die trächtige Katze und für die Kätzchen eine unnötige Belastung. Röntgenaufnahmen sind nur dann erforderlich, wenn möglicherweise nach der Geburt noch ein Kätzchen im Mutterleib verblieben ist.

Durch Streß, Unfälle oder Krankheiten kann es zu Aborten (Fehlgeburten) kommen. Diese kündigen sich teilweise durch Blutungen an. Man kann versuchen, die Fehlgeburt zu verhindern, indem man die Katze schont. Ist die Fehlgeburt eingetreten, sollte man sofort zum Tierarzt gehen. Es kann sein, daß nicht die gesamte Frucht ausgestoßen wird. Dadurch kommt es möglicherweise zu einer Gebärmuttervereiterung. Vielfach bemerkt der Katzenbesitzer die Fehlgeburt nicht, da die Katze sich gründlich putzt.

Fehlgeburten (bei Tieren spricht man auch von verwerfen) sind nicht so selten. Ab etwa dem 55. Tag haben die Kätzchen eine bessere Chance zu überleben. Häufig muß aber der Katzenbesitzer durch sorgfältige Pflege der Mutter und der Kleinen helfend eingreifen.

*Katzenkinder im Alter von 8 Tagen schlafen sich groß.*

## Die Geburt

Die Katze bereitet sich gut auf die Geburt ihrer Kätzchen vor. In den letzten Tagen streicht sie unruhig durchs Haus und sucht den sichersten, schönsten Platz für ihre Kinder. Leider ist der Katzenbesitzer nicht immer damit einverstanden, beispielsweise, wenn es sich um das eigene Bett oder den Wäscheschrank handelt. Unsere Katze – sie war schon trächtig, als sie zu uns kam – legte sich auf meinen Schoß und gebar in kurzer Zeit vier wunderschöne Kätzchen. Wenn dieser Platz auch sehr ungewöhnlich ist, so suchen doch viele Katzen während der Geburt die Nähe und den Zuspruch ihres Besitzers. Das muß nicht auf Geburtsprobleme hinweisen, die Katze möchte einfach nur nicht alleine sein. Geben Sie ihr die Zuwendung und die Streicheleinheiten, die sie wünscht. Viele Katzen sind bereit, eine sogenannte Wurfkiste anzunehmen. Bereiten Sie diese frühzeitig vor, damit die Katze sich daran gewöhnen kann. Es eignet sich ein Bananenkarton oder eine Kunststoffwanne. Die Größe sollte so gewählt werden, daß die Katze ausgestreckt liegen, dabei aber während der Wehen die Beine gegen die Wände pressen kann. Verwenden Sie keine Klappboxen oder Wäschekörbe, deren Wände durchbrochen sind. Sie können die Wurfkiste anschließend auch als Kinderstube nutzen. Bei durchbrochenen Behältern kann es passieren, daß die Babys sich darin verklemmen und verletzen. Die Wurfkiste wird mit gut waschbaren Tüchern ausgelegt, damit die Katze weich liegt, aber nicht zu tief einsinkt.

In der Regel erledigen aber die meisten werdenden Katzenmütter die Geburt und die Versorgung der Neugeborenen alleine. Häufig hört der Katzenbesitzer morgens leises »Vogelgezwitscher« und findet dann die glückliche Katzenmutter mit ihrer Kinderschar. Trotzdem kann es zu Komplikationen kommen. Dies ist besonders bei Erstgebärenden, schwachen oder sehr alten Katzen möglich. Jeder Katzenbesitzer wird auf die Geburtenkontrolle bei seiner Katze achten, d. h., sie spätestens nach dem ersten Wurf kastrieren lassen. Aber auch wer Abnehmer für seine jungen Kätzchen hat und daher mehrmals junge Kätzchen möchte, sollte Tiere mit Geburtsproblemen auf jeden Fall kastrieren lassen. Die Gefahr für die Katze ist sonst zu groß, auch können einige Probleme vererbt werden.

Eine normale Geburt zeigt sich dadurch an, daß die meisten Katzen bereits am Vortag nichts mehr fressen. Für den Katzenbesitzer plötzlich legen sie sich auf die Seite, und der Bauch zieht sich immer wieder in Abständen zusammen. Dann beginnen die Preßwehen, das erste Kätzchen erscheint in der Scheide, manchmal zieht es sich noch einmal zurück. Dann wird es ganz herausgepreßt. Es liegt mit der Nachgeburt in der Fruchtblase hinter der Mutterkatze. Diese beginnt sofort, daß Kätzchen von der Fruchtblase zu befreien, und säubert mit der Zunge das Köpfchen und den ganzen Körper, damit das Kätzchen frei atmen kann. Dann frißt sie die Nachgeburt auf, daß Kätzchen beginnt sofort, die mütterliche Zitze zu suchen, und beginnt zu saugen. Die Katze kümmert sich weiter um ihr Kind, bis die Geburt des nächsten Kätzchens beginnt.

### Mögliche Probleme bei der Geburt

| *Symptome* | *Erste Hilfe und Behandlung* |
|---|---|
| 1. Die Katze hat Wehen, aber es kommt kein Kätzchen | Massieren Sie leicht vom Herzen bis zur Scheide den Bauch der Katze. Geben Sie ihr Pulsatilla und Caulophyllum im Wechsel alle 10 Minuten zur Stärkung der Wehen. Wenn nach 12 Stunden Wehen oder 30 Minuten Preßwehen kein Kätzchen geboren wurde, gehen Sie zum Tierarzt. |
| 2. Das Katzenbaby bleibt stecken, oft schaut dann nur der Kopf oder die Beine heraus, es läuft blau an | Wenn das Katzenbaby stecken bleibt, versuchen Sie, mit Vaseline oder einer milden Creme (Traumeel), um das Kätzchen herum die Scheide etwas aufzuweichen, dabei drücken Sie vorsichtig und leicht gegen den Rand der Scheide. So kann das Kätzchen leichter heraus. Wenn dies nicht hilft, ziehen Sie das Kätzchen lang- |

| | |
|---|---|
| 2. (Fortsetzung) | sam!!! und ganz vorsichtig!!! heraus, damit Sie das Tier nicht verletzen. Passen Sie sich dabei möglichst dem Rhythmus der Wehen an. |
| 3. Die Katze bekommt während der Geburt starke Blutungen | Gehen Sie sofort zum Tierarzt. |
| 4. Die Zeit der Trächtigkeit ist überschritten | Gehen Sie zum Tierarzt, er wird die Katze untersuchen und feststellen, ob die Geburt eingeleitet werden muß. |
| 5. Es kommen nicht alle Nachgeburten (pro Kätzchen eine Nachgeburt). Sie fühlen im Mutterleib noch ein oder mehrere Kätzchen, die Wehen hören auf. | Warten Sie noch eine bis zwei Stunden, ob die Geburt abgeschlossen ist. Wenn die Nachgeburt nicht kommt oder Sie noch ein Kätzchen im Mutterleib fühlen, gehen Sie zum Tierarzt, der die weitere Behandlung vornehmen wird. Das ist wichtig, da es sonst zu einer Gebärmuttervereiterung kommen kann. Notoperation, Tod des Muttertieres und der Kätzchen können die Folge sein. |

## Versorgung der Neugeborenen

Wenn die Geburt sehr schwer ist, schon mehrere Kätzchen da sind, die Kätzchen sehr schnell hintereinander kommen oder ein Kaiserschnitt vorgenommen werden muß, kann die Mutter die Kätzchen nicht selbst versorgen. Dies muß dann der Tierbesitzer übernehmen. Auch wenn keine Probleme auftreten, kann der Besitzer die Mutterkatze unterstützen.

### Probleme bei der Versorgung der Neugeborenen

| *Symptome* | *Erste Hilfe und Behandlung* |
| --- | --- |
| 1. Die Katze nabelt das Kätzchen nicht ab | Warten Sie erst einmal 30 Minuten ab, ob die Katze sich etwas erholen muß. Dann nehmen Sie reißfestes Nähgarn, binden die Nabelschnur ab und schneiden dann die Nabelschnur durch. Die Mutterkatze verschließt die Nabelschnur dadurch, daß sie diese mit den Zähnen zusammendrückt. Dies geschieht automatisch, während sie die Nachgeburt frißt. |
| 2. Das Kätzchen beginnt nicht zu atmen | Hier ist sofortige Hilfe nötig. Säubern Sie mit einem Tuch Nase und Mäulchen, um dem Tier die Atmung zu erleichtern. Legen Sie das Kätzchen in ein Tuch und nehmen es in die Hand. Dann reiben Sie es sanft mit leichtem Druck, hauptsächlich im Herzbe- |

| | |
|---|---|
| 2. Fortsetzung | reich, um den Kreislauf anzuregen. Wenn dies nicht hilft, machen Sie vorsichtig Mund-zu-Mäulchen-Beatmung. Blasen Sie nur ganz wenig Luft in die Lunge des Kätzchens. |
| 3. Die Katze putzt das Kätzchen nicht | Nehmen Sie ein Handtuch und reiben Sie das Kätzchen sanft mit leichtem Druck trocken. Dadurch wird der Kreislauf angeregt. Säubern Sie auch Nase und Mäulchen. Wenn das Kätzchen sauber und trocken ist und schimpft, legen Sie es der Mutter an die Zitzen. |
| 4. Die Katze nimmt das Kätzchen nicht an, läßt es beispielsweise am Geburtsort zurück und zieht mit den anderen Kätzchen um, oder trägt es aus dem Nest. | Versorgen Sie das Kätzchen wie unter 3. beschrieben. Dann versuchen Sie, es der Mutter wieder hinzulegen. Wird es immer wieder abgestoßen, ziehen Sie es selbst auf. Manchmal nehmen Mütter – besonders nach sehr schweren Geburten – die Kleinen erst am nächsten Tag an, wenn sie sich erholt haben. Nicht immer kann man davon ausgehen, daß sie nur ein krankes Kätzchen nicht annehmen will. Vielleicht hat sie auch nur einfach keinen für sie sicheren Platz für die Aufzucht der Kätzchen gefunden. Bieten Sie der Mutter die Möglichkeit, mit ihren Kindern umzuziehen. |

*Nach der Geburt nimmt die Mutterkatze eine aufmerksame Betreuung gerne an.*

## Versorgung der Mutterkatze nach der Geburt

Nach Beendigung der Geburt bieten Sie der Katze etwas zu trinken an. Dies wird meistens gerne angenommen. Sollte die Unterlage blutig geworden sein, entfernen Sie diese und legen vorsichtig ein neues Tuch unter Mutter und Kinder. Nach etwa einer Stunde bieten Sie etwas Nahrung (die Lieblingsspeise, aber leicht und gut verdauliches Futter, ist geeignet). Da die Mutterkatze in den ersten Tagen ihre Kätzchen nicht oder nur ungern verläßt, sollten Sie regelmäßig Futter anbieten und Trinkwasser in die Nähe des Wochenbettes stellen.

## Probleme nach der Geburt

Nach der Geburt kann es zu Problemen kommen, wenn beispielsweise nicht alle Kätzchen geboren oder eine Nachgeburt nicht ausgeschieden wurde.

*Krankheiten mit ähnlichen Symptomen*

Gebärmuttervereiterung: Fehlgeburt, Infektionen

Gesäugeentzündung: Gesäugegeschwulst, Infektionen, Verletzungen.

*Symptome*

1. Gebärmuttervereiterung: Appetitlosigkeit, Fieber, Apathie, die Kätzchen werden nur mühsam oder gar nicht versorgt, das Allgemeinbefinden ist deutlich gestört.

2. Gesäugeentzündung: Harte, geschwollene Zitzen, teilweise so stark geschwollen, daß sie sich wie zwei Stränge über dem Katzenbauch anfühlen, das Gesäuge ist heiß, in schweren Fällen Fieber, Appetitlosigkeit, Apathie

*Erste Hilfe und Behandlung*

Hierbei ist die Behandlung durch einen Tierarzt erforderlich. Die Kätzchen sollten während der Krankheit von Ihnen mitversorgt werden, um die Mutter zu schonen.

Trennen Sie die Kätzchen von der Mutter und versorgen Sie die Kleinen selbst, da sie die Milch nicht mehr trinken dürfen. Der Mutterkatze machen Sie Umschläge, viele Tiere lassen es sich gerne gefallen, weil es Erleichterung bringt. Für die Umschläge nehmen Sie ein Gästehandtuch und tränken es mit einer Mischung aus Wasser, 50 ml Alkohol (es kann auch Weinbrand sein) und 5 Tropfen Teebaumöl. Das Tuch legen Sie auf das Gesäuge der Katze. Nun binden Sie es entweder mit einem Schal fest, oder, wenn die Katze unruhig ist, halten Sie es etwa 20 Minuten dort fest. Wiederholen Sie die Umschläge mehrfach täglich, bis die Symptome abklingen. Zusätzlich sollten Sie eine Behandlung vom Tierarzt vornehmen lassen, vielleicht ist es möglich, nach einigen Tagen die Kätzchen wieder zur Mutter zu lassen.

# Aufzucht junger Kätzchen ohne Mutter

Katzenmütter sind gute, liebevolle Mütter, die ihre Kinder sorgsam aufziehen. Trotzdem kann es zu Komplikationen kommen, die ein schnelles Eingreifen nötig machen. Gründe gibt es viele, sei es, daß die Geburt so schwer war, daß die Mutterkatze die Kleinen nicht versorgen kann, nach einem Kaiserschnitt, oder wenn die Mutter krank wird. Auch kann es passieren, daß Sie ein verlassenes oder ausgesetztes kleines Kätzchen finden. Die Aufzucht ist, wenn man die Kleinen sorgsam behandelt, gar nicht so schwer. Je besser Sie sich um die Katzenkinder kümmern, desto weniger Probleme werden Sie während der Aufzucht, aber auch später mit den Tieren haben.

Die wichtigsten Dinge sind sofort zu erledigen. Die Kätzchen brauchen Wärme. Dies läßt sich am besten mit einem Heizkissen machen, da es eine gleichmäßige Wärme spendet. Legen Sie ein zusammengefaltetes Handtuch in einen Karton oder eine Kinder-

*Katzenkinder ohne Mutter können mit der Flasche aufgezogen werden.*

*Eine recht ungewöhnliche Freundschaft bahnt sich an . . .*

badewanne. Darauf legen Sie das Heizkissen und schalten es auf Stufe I. Dann kommt noch ein Handtuch. Stufe I ist für die nötige Wärme ausreichend, da die kleinen Kätzchen austrocknen könnten, wenn es zu warm ist. Nun legen Sie die kleinen Kätzchen auf das oberste Handtuch. Mit noch einem Handtuch dekken Sie den Karton oder die Wanne oben zu, aber so, daß ein Spalt offen bleibt, um für genügen Luft zu sorgen. Decken Sie die Kätzchen nicht direkt zu. Die Katzenmutter wärmt ihre Kinder auch nicht gleichzeitig von allen Seiten. Außerdem bekommen sie schlecht Luft, wenn sie zu dicht eingepackt sind.
Nun kommt die Ernährung. Das ist heute kein Problem mehr, im Zoofachhandel oder beim Tierarzt erhalten Sie Katzenaufzuchtsmilch, die auf die Bedürfnisse der Kätzchen abgestimmt sind, sowie Fläschchen, aus denen die Kleinen gut trinken können. Verwenden Sie auf keinen Fall Kuhmilch, auch nicht verdünnt, die Kätzchen reagieren darauf schnell mit Durchfall. Das ist für die Kleinen sehr gefährlich.
Im Notfall können Sie auf normale Babynahrung für Neugeborene zurückgreifen. Wenn Ihre Katze also junge Kätzchen erwartet, versorgen Sie sich vorsichtshalber schon einmal mit Katzenaufzuchtsmilch. Auch die Mutter wird sie nach der Geburt gerne trinken und kommt dann besser zu Kräften.

Als Fläschchen können Sie auch Puppenfläschchen nehmen, diese gibt es heute auch mit aufgeschraubtem Sauger oder verwenden Sie Spritzen ohne Nadel. Die kleine Öffnung ist ideal für das kleine Katzenschnäuzchen. Auch haben Sie bei einer Spritze eine optimale Kontrolle, ob und wieviel jedes Kätzchen zu sich nimmt. Die Kätzchen bekommen in den ersten Tagen alle zwei Stunden, auch während der Nacht, Futter. Bei sehr schwachen Tieren können Sie tagsüber auch häufiger Futter anbieten. Beginnen Sie mit der Fütterung sofort, wenn Sie feststellen, daß Probleme auftreten. Wenn Ihre Mutterkatze einen Kaiserschnitt bekommen hat, ist es sinnvoll, während der ersten Tage zweimal täglich zuzufüttern. Verlassen Sie sich nicht darauf, daß sie sich alleine melden. Einige Katzenbabys schreien nach dem Verlust der Mutter die ersten Tage fast pausenlos, andere wiederum melden sich überhaupt nicht. Bereiten Sie die Milch für jede Mahlzeit frisch zu und füttern Sie lauwarm. Nehmen Sie dazu abgekochtes, abgekühltes Trinkwasser. Mit zunehmendem Alter können Sie die Mahlzeiten reduzieren, so daß die Kätzchen ab der zweiten Woche nachts kein Fläschchen mehr brauchen, ab der dritten Woche können Sie die Mahlzeiten alle drei Stunden geben. Ab der vierten Woche reichen fünf Mahlzeiten am Tag aus. Nach der Mahlzeit wird sanft das Bäuchlein massiert. Das ist sehr wichtig, um den Kreislauf und die Verdauung anzuregen (die Mutter putzt die Kleinen). Dabei drücken Sie mit etwas Toilettenpapier sanft gegen den After des Kätzchens. Während dieses Vorgangs setzt es Urin ab und einmal bis mehrmals am Tag auch Kot. Der Kot der kleinen Kätzchen sieht, solange sie ausschließlich Milch bekommen, gelb aus und hat eine feste Konsistenz.

Katzenmütter liegen die ersten Tage fast ausschließlich bei ihren Kindern. Sie werden ständig geleckt und können trinken, die Mutter schnurrt sie zärtlich an. Auch in der nächsten Zeit verbringt sie viele Stunden mit ihren Kindern und schmust und spielt mit ihnen. Versuchen Sie, die Kätzchen auch möglichst oft hochzunehmen, damit sie viel Körperkontakt bekommen. Sprechen Sie viel mit ihnen, streicheln Sie die Kleinen und lassen Sie sie beispielsweise an ihren Händen nach den Zitzen suchen. Wenn die Kleinen zwei bis drei Wochen alt sind, beginnen sie zu spielen. Beginnen Sie, mit Ihrem Finger die Kätzchen anzuregen, indem Sie die Pfoten und das Köpfchen sanft berühren. Bald können Sie richtig mit den Kleinen spielen.

Mit etwa vier Wochen beginnen die Kätzchen in der Regel, selbst zu fressen. Bieten Sie ihnen also mehrmals täglich Futter an. Dazu eignet sich das Diätfutter für Magen- und Darmerkrankungen (siehe Seite 73), im Handel gibt es auch Fertigfutter für Katzenkinder. Einige Kätzchen zeigen sich sehr widerspenstig, wenn es um die selbständige Futteraufnahme geht. Hier hilft es, wenn Sie wiederholt etwas Futter ins Mäulchen schmieren, damit das verwöhnte Katzenkind auf den Geschmack kommt.

### Krankheiten während der Aufzucht

Auch bei sorgfältigster Aufzucht kann es vorkommen, daß die Kätzchen krank werden. Hier ist die sofortige Hilfe durch den Tierarzt gefragt, denn die kleinen Kätzchen sind sehr empfindlich. Dies ist schon daran zu erkennen, daß Katzen so viele Junge bekommen, ein Ausgleich, um die Art zu erhalten.

### Durchfall bei kleinen Kätzchen

Die meisten Probleme bei der Aufzucht junger Kätzchen hat man mit Durchfall. Wenn der Kot sehr dickbreiig ist, ist es nicht so schlimm. Aber häufig vertragen die kleinen Kätzchen den Muttermilchersatz nicht so gut und haben Durchfall. Dann ist es wichtig, sofort mit der Behandlung zu beginnen. Bereiten Sie die Aufzuchtsmilch mit Oralpädon zu, um den Elektrolythaushalt wieder auszugleichen. Dazu geben Sie zu jeder Mahlzeit Tanalbin, das kann den Durchfall stoppen.

*Durchfall ist bei Katzen – besonders bei jungen – recht häufig.*

Wenn das Kätzchen auszutrocknen beginnt, wird der Tierarzt Ringerlösung mit Glucose unter die Haut spritzen. Geben Sie dann vier- bis fünfmal hintereinander nur Oralpädon, da sie durch die Flüssigkeitsgabe unter die Haut ausreichend ernährt sind. Wenn Sie nur Oralpädon geben, wird der Magen-Darmtrakt geschont und kann sich erholen. Beginnen Sie anschließend wieder mit der Aufzuchtsmilch. Häufig wird die Neigung zum Durchfall besser, wenn die Kätzchen beginnen, feste Nahrung zu sich zu nehmen. Bei der Aufzucht der Kätzchen ohne Mutter sollten Sie besonders auf Entwurmung und Impfung achten, da die Abwehrstoffe fehlen, die sie sonst mit der Muttermilch aufnehmen. Aber auch andere Krankheiten gefährden die Katzenkinder. Teilweise werden sie schon mit Katzenschnupfen geboren. Auch in diesem Fall sollten Sie baldmöglichst mit der Behandlung durch den Tierarzt beginnen, damit es kein chronischer Katzenschnupfen wird.

Grundsätzlich sollten alle Krankheiten bei jungen Katzen sofort behandelt werden. Dies gilt besonders für die Katzen, die ohne Mutter aufwachsen. Aus gesunden kleinen Kätzchen werden gesunde große Tiere.

*Bei der Aufzucht von kleinen Kätzchen können viele Probleme auftauchen. Wichtig dabei ist, daß alle Krankheiten sofort behandelt werden.*

# Ernährung und Gesundheit

Die Lebenserwartung unserer Hauskatzen ist in den letzten Jahren deutlich gestiegen. Fertigfuttermittelhersteller schreiben sich diesen Erfolg gerne auf die Fahnen, aber richtiger ist, daß das Bewußtsein für das Leben und das Wohlbefinden der Katze den Besitzern wichtiger geworden ist. Katzen, die regelmäßig gefüttert und tierärztlich betreut werden, haben selbstverständlich eine höhere Lebenserwartung als Tiere, die sich ihr Futter selbst suchen müssen und draußen ohne Betreuung leben.

Gesunde Ernährung ist für die Entwicklung jedes Lebewesens wichtig. Das gilt auch für unsere Katzen. Gute Ernährung zahlt sich immer aus, da ein wohlgenährtes Tier mit Krankheiten besser fertig wird als ein schwaches, schlecht oder falsch ernährtes Tier. Aber auch vorgeschädigte Katzen, wenn sie beispielsweise leukosepositiv sind oder unter anderen Krankheiten leiden, haben mit einer hochwertigen Ernährung eine höhere Lebenserwartung.

Die Ernährung einer Katze kann gesund und preiswert sein. Zumindest regelmäßig sollte man auch selbst zubereitete Nahrung füttern und nicht nur Dosennahrung. Trockenfutter ist keine geeignete Dauernahrung, da kaum ein Tierbesitzer die ausreichende Aufnahme von Flüssigkeit gewährleisten kann. Auch wird die häufige oder dauerhafte Fütterung mit Trockenfutter mit der Entstehung von Harngrieß bei Katern in Verbindung gebracht. Während die Futtermittelindustrie dem Verbraucher (Tierbesitzer) in der Werbung versichert, daß eine gesunde Ernährung nur mit Dosen- und anderer Fertignahrung möglich ist, wird bei der menschlichen Ernährung immer wieder darauf hingewiesen, daß eine ausschließliche Ernährung mit Fertigprodukten nicht gesund ist.

Katzen sind Beutetiere, d. h. sie sind keine reinen Fleischfresser. Also können Sie der Nahrung Getreide, Gemüse und aufbereitete Milchprodukte zusetzen. Auf keinen Fall sollten Reste vom Tisch verfüttert werden.

Die in der Werbung gepriesene optimale Zusammensetzung von Fertigfuttererzeugnissen können Sie problemlos erreichen, wenn Sie abwechslungsreich und ausgewogen selbst zubereitetes Futter geben.

Bereiten Sie das Futter aus den nachfolgenden Ernährungsgruppen zu, wobei die einzelnen Zutaten variieren können, aber jede

Gruppe etwa in den angegebenen Prozenten enthalten sein sollte. Salz und Gewürze wie Pfeffer werden nicht verwendet, Kräuter frisch oder mitgegart werden gerne genommen. Ihre Katze zeigt Ihnen von allein, welche Zusammensetzungen sie bevorzugt. Das Fleisch sollte in kleinen Stücken verabreicht werden und auch Knorpel enthalten. So muß die Katze auch die Zähne und den Kiefer benutzen, das Bindegewebe, die Muskeln und Sehnen im ganzen Körper werden natürlich gestärkt.
Wenn Sie die Zutaten für die Ernährung Ihrer Katze von Ihrem normalen Einkauf nehmen, beispielsweise Gemüse oder Fleisch, ist die Nahrung nicht nur gesund, sondern auch sehr preiswert. Natürlich wird sie extra zubereitet (wegen der Gewürze).

**1. Eiweißhaltige Lebensmittel**
20–30 Prozent
**Fleisch:** Hase, Huhn, Kaninchen, Lamm, Pferd, Pute, Rind, Schaf, Wild. Schweinefleisch sollten Sie nicht füttern. Das Fleisch sollte für eine dauerhafte Ernährung grundsätzlich gekocht werden, und nur in Ausnahmefällen roh (Rind, Wild) gefüttert werden, beispielsweise bei Nahrungsverweigerung oder Magen-Darmerkrankungen.
**Fisch:** Seelachs, Kabeljau, Rotbarsch, Heilbutt, Scholle, Makrele und Hering, Hochseefische sind zu bevorzugen. Der Fisch wird gegart, dann die Gräten sorgfältig entfernt. Verwenden Sie keine Fischzubereitungen wie panierte Fischstäbchen oder Fisch in Saucen.
**Milchprodukte:** Naturjoghurt, Magerquark, Hüttenkäse, Kefir, Buttermilch. Diese Milchprodukte füttern Sie gemeinsam mit Fleisch und / oder Fisch.
Milch geben Sie nur dann, wenn die Katze sie verträgt, und auch dann nur sehr selten. Viele Katzen reagieren auch bei verdünnter Milch mit Durchfall, da sie den Milchzucker nicht vertragen. Milchzucker ist in Milchprodukten wie Joghurt und Quark nicht enthalten.

**2. Kohlehydrathaltige Lebensmittel** 50–60 Prozent
Hafer, Weizen, Gerste, Roggen in Flockenform, Hirse, Reis, Mais alles gegart.
**Nudeln,** sie werden gerne genommen, es eignen sich Vollkornnudeln, Hartweizennudeln oder selbstgemachte Nudeln; die Nudeln werden gegart. Gekaufte Nudeln sollten keine Eier enthalten.
**Kartoffeln** gegart und zerkleinert.
**Vollkornbrot,** eingeweicht, mit den anderen Zutaten (Fleisch und Gemüse) vermischen, sofort verfüttern.

**3. Vitamin- und ballaststoffhaltiges Gemüse und Obst** 10–20 Prozent
**Gemüse:** Gurken, Lauch, Möhren, Paprika, Sauerkraut, Sellerie, Steckrübe.
**Obst:** Apfel, Banane, Birne, Pfirsich.
Gemüse und Obst wird schonend gegart und zerkleinert, mildes Gemüse und Obst kann auch roh eingerührt werden: reiben, ins Futter geben und sofort füttern.

**4. Sonstiges**
**Täglich:** frische Kräuter aus dem Garten oder der Natur je nach Jahreszeit, fein hacken, etwa 1/2 Teelöffel, die Kräuter können auch – beispielsweise Liebstöckl – mitgegart werden.
**Jeden 2. Tag im Wechsel:** 1/4 Teelöffel Honig, 1 Eßlöffel Maiskeimöl, Weizenkeimöl oder Sojaöl.
**Wöchentlich:** 1 Eigelb roh, Eiweiß nur gegart, etwas Bierhefe oder Hefeflocken, sie versorgen den Körper mit B-Vitaminen und werden von vielen Katzen gern genommen, sonst unter das Futter rühren.

## Rezeptbeispiele

Bereiten Sie die Mahlzeiten immer frisch zu, Reis und Nudeln können Sie gekocht 1–2 Tage im Kühlschrank aufbewahren, Gemüse, Fleisch und Fisch können Sie auch in kleinen Portionen einfrieren. So haben Sie einen geringen Arbeitsaufwand und immer frisches, abwechslungsreiches Futter für Ihre Katze. Da das Futter keine Konservierungsstoffe enthält, sollten Sie es nicht zu lange stehen lassen.

*Rindfleisch mit Kartoffeln*
100 g Rindfleisch, 1 große Kartoffel, 30 g Sellerie, 50 g Sauerkraut, 1 Eiweiß, 1 Eßlöffel Hüttenkäse, 1 Eigelb, 1/2 Teelöffel Hefeflocken
Zubereitung: Das Rindfleisch in kleine Stücke schneiden und 30 Minuten in etwas Wasser garen. Kartoffeln und Sellerie würfeln und mit dem Sauerkraut dazugeben, noch einmal 10 Minuten garen. Dann das Eiweiß einrühren und den Topf von der Kochstelle nehmen. Abkühlen lassen. Hüttenkäse, Eigelb und Hefeflocken einrühren.

*Nudeln mit Rindfleisch*
2 Fleischknochen (vom Rind), 30 g Steckrübe, 30 g Sellerie, 50 g Nudeln, etwas Liebstöckel, 1 Teelöffel Maiskeimöl
Zubereitung: Die Fleischknochen in Wasser etwa 1 Stunde garen. Dann das Fleisch vom Knochen entfernen. In der Brühe Steckrübe, Sellerie, Nudeln und Liebstöckel garen. Das Fleisch dazugeben. Abkühlen lassen. Maiskeimöl einrühren und servieren.

*Hähnchenbrust mit Reis und Möhren*
50 g Hähnchenbrust, 100 g gekochter Reis, 1 kleine Möhre, 1 Teelöffel Maiskeimöl
Zubereitung: Die Hähnchenbrust in kleine Stücke schneiden und in etwas Wasser 30 Minuten garen. Abkühlen lassen und den gekochten Reis einrühren. Die Möhre reiben und zusammen mit dem Maiskeimöl in das Fleisch/Reisgemisch einrühren.

*Hühnerfrikassee mit Nudeln*
1 Packung Hühnerklein, 50 g Haferflocken, 30 g Sellerie, 50 g Gurke, 2 Möhren, 1/2 Apfel
Zubereitung: Das Hühnerklein in Wasser garen. Das Hühnerklein aus dem Wasser nehmen. In der Brühe das zerkleinerte Gemüse und den Apfel garen. Dann die Haferflocken einrühren, aufkochen lassen und bei schwacher Hitze noch etwa 5 Minuten ziehen lassen. Inzwischen das Fleisch von den Knochen lösen und zerschneiden. Dann in die Haferflocken/Gemüsemasse einrühren und servieren.

*Kabeljau mit Reis*
100 g Kabeljau, 50 g gekochter Reis, 30 g Naturjoghurt
Zubereitung: Den Fisch in etwas Wasser garen, abkühlen lassen, Reis und Naturjoghurt einrühren und servieren.

*Jede Katze braucht eine ausgewogene Ernährung.*

# Gefahrenquellen

Katzen sind neugierig und geraten deshalb häufig in Gefahr. Dinge, die uns völlig harmlos vorkommen, können für die Katze oft tödlich werden, da sie die Gefahren nicht oder anders einschätzen.
Viele Gefahren können Sie ausschließen oder mildern.

**Aquarien**

Viele Aquarien haben keine, oder eine nur unzureichende Abdekkung. Katzen finden es lustig, den schwimmenden Fischen zuzusehen und versuchen, sie mit der Pfote zu fangen. Dabei kann es passieren, daß die Katze ins Wasser fällt. Nicht immer gelingt es ihr, sich aus dieser Lage zu befreien.

**Autos**

Katzen springen gerne in parkende Autos und rollen sich dort zu einem Schläfchen zusammen. Wenn dann der Besitzer des Autos wegfährt, verschlafen sie es entweder, oder wagen es nicht, hervorzukommen. Am Zielort springen sie entweder aus dem Auto oder werden, was noch schlimmer ist, für längere Zeit (Urlaub) eingesperrt. Dies führt dann zum Tode des Tieres.

**Balkone**

Wohnungskatzen sitzen gerne auf dem Balkongeländer. Hierbei kommt es oft zu lebensgefährlichen Stürzen. Katzennetze bringen nicht immer ausreichende Sicherheit, da einige Katzen sie zerbeißen. Für den Balkon empfiehlt sich also eine Glasverkleidung,

*Gefahren lauern überall . . .*

die für Sie den Vorteil eines kleinen Wintergartens bringt. Ein Fenster kann dann mit Draht verkleidet werden, um für frische Luft zu sorgen.

### Fenster

Eine am Fenster sitzende Katze kann leicht das Gleichgewicht verlieren. Häufig kommt es auch vor, daß ein Katzengefährte dazuspringt und unbeabsichtigt die Katze hinunterstößt.

### Garagen

Katzen legen sich gerne in Garagen. Da dort oft viele Sachen herumstehen, sieht man sie nicht. Wenn dann die Garage geschlossen wird, ist das Tier eingesperrt. Entgegen der Meinung, daß die Tiere dann schreien, gibt es viele Katzen, die vor Angst still verhungern, weil sie sich nicht alleine befreien können.

### Gummiringe, Fäden, Folien, Bänder vom Rollbraten

Gummiringe, Fäden von Nähgarn, Bänder von Rollbraten, Luftballons und ähnliches werden von der Katze gefressen. Nicht immer passieren diese Dinge den Magen und Darm problemlos. Es kann zu Magen- und Darmverschlüssen kommen. Dies ist für Katzen lebensgefährlich, oft hilft nur eine teure Notoperation. Ist es trotzdem passiert, sollten Sie sofort zum Arzt gehen, der Erbrechen einleitet und so das Problem lösen kann.

### Herdplatten und Feuer

Hitzequellen wie Herdplatten, Kerzen, Bügeleisen, Stövchen und offenes Feuer können zu schweren Verbrennungen führen.

*Katzen suchen die Wärme.*

### Keller, Kellerschächte

Wenn Katzen in Keller oder Kellerschächte geraten, können sie oft nicht mehr heraus. Suchen Sie Ihre Katze also gleich, wenn sie verschwunden ist, sie könnte sonst verhungern.

### Kippfenster

Häufig geraten Katzen in Kippfenster, weil sie nach draußen möchten oder weil der Besitzer das Fenster kippt, um der Katze den Auslauf zu ermöglichen. Die Katze kann allerdings abrutschen und in den schmalen Spalt geraten. Dort kann sie sich nicht mehr befreien. Es kann zu schweren Rückgratverletzungen mit Lähmungen kommen, oder die Katze kann verhungern oder ersticken, wenn der Besitzer längere Zeit nicht zu Hause ist. Auch wenn Ihnen der Spalt schmal vorkommt, Ihre Katze paßt vielleicht doch durch. Im Handel erhalten Sie Schutznetze (die Gefahr des Zerbeißens ist deutlich geringer als beim Balkonnetz) für Kippfenster und -türen.

### Schwere Gegenstände

Schwere Gegenstände wie beispielsweise Blumentöpfe können herunterfallen und die Katze schwer verletzen. Dies gilt auch für scharfe Gegenstände wie Messer und Scheren.

### Schwimmbäder und Teiche

Katzen können zwar schwimmen, ertrinken aber oft, weil sie sich aus Schwimmbädern oder Teichen nicht befreien können. Sorgen Sie also für flache Zonen, so daß die Tiere wieder aus dem Wasser können.

### Waschmaschinen, Trockner und Geschirrspüler

Katzen verstecken sich gern in Höhlen. Dafür bieten sich auch Waschmaschinen, Trockner und Geschirrspüler an. Bevor Sie eins dieser Geräte anstellen, schauen Sie genau nach, ob sich Ihre Katze nicht dort versteckt hat. Diese Geräte sind Todesfallen.

*Mit einer Katzenleiter kann man gefährlichen Kletterpartien entgegenwirken.*

# Wann muß man zum Tierarzt?

Für den Tierbesitzer ist es oft schwierig zu entscheiden, ob ein Tierarztbesuch richtig ist. Einerseits soll die Katze optimal versorgt werden, andererseits möchte man ihr den Streß des Tierarztbesuches ersparen, auch die Kosten sind nicht unerheblich. Grundsätzlich sollte man einen nötigen Tierarztbesuch nicht zu lange aufschieben, da die Katze nur unnötig leiden muß. Wenn eine Behandlung erforderlich ist, beginnt die Genesung mit Beginn der Behandlung. Wenn eine Katze ein deutlich gestörtes Allgemeinbefinden hat, ist es nicht tierfreundlich, erst bei Gelegenheit einmal beim Tierarzt vorzusprechen.

## Die Katze muß sofort zum Tierarzt bei folgenden Symptomen:

* Atemnot
* Atemstillstand
* Augenverletzungen
* Blutungen, äußerlich aus großen Wunden
* Blutungen innerlich, aus den Körperöffnungen (Nase, Augen, Mund, After, Penis, Scheide)
* Durchfall, ständig aus dem After laufend
* Erbrechen, plötzlich, nicht aufhörend
* Geburtsprobleme
* Gegenstand im Hals, wird nicht innerhalb weniger Minuten ausgespuckt
* Schmerzen, stark
* Verbrennungen
* Vergiftungen
* Verletzungen, schwer
* Verschluckter Gegenstand, auch wenn keine Reaktion vorliegt
* Die Katze leidet sichtbar an nicht erkennbaren Störungen

Vorher müssen Sie in den meisten Fällen Erste Hilfe leisten.

## Die Katze muß am selben Tag zum Tierarzt bei folgenden Symptomen

* Atemnot, leicht, wird nicht besser
* Durchfall, wasserdünn bei Katzen bis zu 3–4 Monaten
* Erbrechen, mehrfach innerhalb einiger Stunden, gestörtes Allgemeinbefinden
* Fehlgeburt
* Fieber
* Juckreiz mit ständigem Kratzen, hört nicht auf
* Untertemperatur

## Die Katze muß spätestens am nächsten Tag zum Tierarzt bei folgenden Symptomen

* Allgemeinbefinden deutlich gestört ohne erkennbare Ursache
* Appetitlosigkeit, leicht bis schwer gestörtes Allgemeinbefinden, verweigert auch Lieblingsspeise
* Durchfall
* Humpelt, ohne äußerlich sichtbare Verletzungen, hört nicht auf, stört Allgemeinbefinden nur wenig

*Warten Sie nicht zu lange, bis Sie Ihre kranke Katze zum Tierarzt bringen.*

### Die Katze muß in den nächsten Tagen zum Tierarzt bei folgenden Symptomen

* Allgemeinbefinden leicht gestört, keine erkennbare Ursache
* Appetit schlecht über mehrere Tage, es wird nur wenig Nahrung aufgenommen
* Die Katze magert ab, kein sichtbar gestörtes Allgemeinbefinden
* Durchfall ohne gestörtes Allgemeinbefinden
* Erbrechen, zwei- bis dreimal täglich über mehrere Tage
* Juckreiz mit gelegentlichem Kratzen
* Nase läuft, sehr leichte Erkältungssymptome
* Verletzungen, klein, heilen nicht ab

## Der richtige Tierarzt für Ihre Katze

Die Auswahl des Tierarztes ist oft wichtig für die Gesundheit Ihrer Katze. Natürlich ist es häufig praktischer, zum Tierarzt in der Nähe zu gehen, aber ob diese Entscheidung wirklich gut ist, sieht man erst im Notfall. Zweifellos verfügen beispielsweise auch Großtierärzte über die entsprechende Ausbildung, behandeln aber oft nur wenige Katzen und sind schlecht zu erreichen, da sie die Großtiere in der Umgebung betreuen. Ein Tierarzt, der sich auf Kleintiere spezialisiert hat und feste Sprechzeiten hat, ist oft besser geeignet. Katzenbesitzer in der Stadt haben in der Regel eine größere Auswahl an Tierärzten.

Viele Menschen haben sich wieder auf natürliche Heilweisen besonnen. Dies ist auch im Bereich der Tiergesundheit möglich. Tierheilpraktiker gibt es heute in jeder größeren Stadt, aber auch viele Tierärzte behandeln in angezeigten Fällen mit natürlichen Heilmitteln. Wenn Sie einen Tierheilpraktiker bevorzugen, sollten Sie trotzdem einen Tierarzt kennen, der Impfungen und Operationen sowie nötige Behandlungen mit anderen Medikamenten wie beispielsweise Antibiotika vornehmen kann. Sprechen Sie mit Ihrem Tierarzt und Ihrem Tierheilpraktiker offen darüber, daß Sie beide mit Ihrer Katze aufsuchen. Wenn Sie feststellen, daß Sie auf einer Seite auf Ablehnung und Vorurteile stoßen, haben Sie nicht den richtigen Partner. Vertrauen muß von allen Seiten vorhanden sein. Ein Tierarzt oder Tierheilpraktiker, der die Tiere

sorgsam und gut behandelt, hat nichts zu verbergen und keine Angst vor Konkurrenten.
Ein guter Tierarzt wird Ihre Katze bei jeder Behandlung gründlich untersuchen. Dazu gehört die Kontrolle der Ohren, des Herzens und, bei Verdacht auf Infektionen oder Entzündungen, Fiebermessen sowie vor Narkosen die Feststellung des Körpergewichts. Ihr Tierarzt wird Ihnen zuhören und durch gezielte Fragen zu einer möglichst sicheren Diagnose kommen. Außerdem wird er Ihre Fragen ausführlich und für Sie verständlich beantworten. Auch wird ein guter Tierarzt Ihnen, wenn seine Behandlungsmöglichkeiten erschöpft sind, einen auf das entsprechende Gebiet spezialisierten Tierarzt oder eine Tierklinik empfehlen. Dies ist kein Zeichen von Unvermögen, sondern im Gegenteil von besonderer Sorge für das einzelne Tier – also auch für Ihre Katze. Wählen Sie also einen Tierarzt Ihres Vertrauens, mit dem Sie gut zurecht kommen und der Ihre Katze nach den Ihnen angenehmen Methoden behandelt. Den Tierarzt sollten Sie nicht ständig wechseln, da der Tierarzt, den Sie regelmäßig aufsuchen, Ihre Katze und deren Vorgeschichte kennt. Dies erleichtert im Notfall die Behandlung, und die Katze fühlt sich – soweit möglich – sicherer.

Heute gibt es in vielen Orten auch schon Tierkliniken, die gut ausgerüstet sind und mehrere

*Im Notfall muß der Tierarzt schnell erreichbar sein.*

Tierärzte beschäftigen. In diesen Tierkliniken lohnt sich auch die Anschaffung teurerer Geräte und eine gute Laborausstattung. Es können also weitaus mehr Untersuchungen durchgeführt werden. Dadurch ist in unklaren Fällen eine genauere Diagnose und anschließende Behandlung möglich. In den Tierkliniken können Tiere auch stationär aufgenommen werden. Dies kann manchmal für die Behandlung sehr wichtig sein, Sie sollten Ihre Katze aber nur im äußersten Notfall in der Klinik lassen, da sich ein krankes Tier zu Hause sicherer fühlt. Sie sollten auch zu der nächsten Tierklinik einmal Kontakt aufnehmen, da diese Tag und Nacht besetzt ist, also im Notfall immer ein Tierarzt zu erreichen ist. Es setzt sich aber auch in den Kleintierpraxen immer mehr durch, daß Tierärzte außerhalb der Sprechzeiten für ihre Patientenbesitzer erreichbar sind.

## Unterstützende Behandlung

Eine unterstützende Behandlung gehört nicht direkt zur Ersten Hilfe, kann aber, genau wie diese, den Krankheitsverlauf mildern, Spätschäden verhindern und Leben retten. Unterstützende Behandlung heißt Mitarbeit des Tierbesitzers bei der Genesung seines Tieres. Einige Tierärzte sehen es nicht so gerne, daß der Tierbesitzer sich aktiv an der Behandlung und an der Genesung der Katze beteiligt. Sie unterschätzen, wie wichtig die Mitarbeit des Tierbesitzers ist. Durch seine Liebe und durch seine Pflege erhält die Katze das, was kein Tierarzt geben kann: Zuwendung und Lebensmut.

Lebensmut ist überhaupt das Wichtigste, was Sie Ihrer Katze während einer Krankheit geben müssen und können. Wenn Sie Ihre Katze aufgeben, wie soll sie dann die Kraft zum Überleben haben? Zuwendung, Zuspruch und die feste Überzeugung, wir – Ihre Katze und Sie – werden es schon schaffen, sind unerläßlich. Dies gilt zumindest für die schwierigen Fälle. Nicht selten ist es einem Tierbesitzer gelungen, sein Tier dem Tode zu entreißen, obwohl es von allen anderen – unter anderem dem Tierarzt – aufgegeben wurde. Das Gefühl, die Übertragung des Gefühls und die Sicherheit, ›Bei mir kann dir nichts passieren‹ retten Leben. Kein Tierarzt, kein Mensch kann dieses Phänomen wirklich erklären, aber es hat sehr oft Erfolg.

Zur unterstützenden Behandlung gehört die Rücksprache mit dem Tierarzt. Nur wenn Einigkeit besteht, kann die Behandlung Erfolg haben. Wenn der Tierarzt sagt, die Katze muß Diät haben und der Tierbesitzer ständig Milch gibt, ist es kein Wunder, wenn der Durchfall nicht besser wird.

Man sollte alle unterstützenden Behandlungen – welcher Tier-

*Ob Literatur oder Gespräche mit Bekannten – sammeln Sie alle Informationen, die zu einer Genesung führen können.*

besitzer erkundigt sich im Krankheitsfall seiner Katze nicht, welche Erfahrungen andere Tierbesitzer gemacht haben – mit seinem Tierarzt absprechen.

*Wichtig sind:*

* gute ›richtige‹ Ernährung, dazu gehört auch die strikte Einhaltung einer Diät
* gezielte Krankenpflege
* Kombination verschiedener Behandlungsmethoden
* Konsequente Durchführung der Behandlung, auch wenn es schlechte Tage gibt
* Diskussionen über andere, vielleicht ebenfalls geeignete Behandlungswege
* Vielleicht auch Wechsel zu einem anderen Tierarzt oder in eine Spezialklinik.

Wenn die Diagnose feststeht, wenn die Behandlung eingeleitet wurde, kann der Tierbesitzer auch dann viel tun, um seiner Katze die Krankheit zu erleichtern.
Sehr wichtig für unsere konservativen Katzen ist die gewohnte Umgebung und möglichst wenige Veränderungen der Lebensumstände. Die Erkrankung an sich ist für das Tier schon

schlimm genug. Lassen Sie Ihre Katze nur wenn unbedingt nötig in einer Tierklinik. Die Pflege dort muß nicht schlecht sein, aber die Katze fühlt sich zu Hause wohler. Fahren Sie lieber einmal mehr zum Tierarzt oder in die Tierklinik.

Es ist nicht immer leicht, die für die Erkrankung richtige Behandlungsmethode herauszufinden. Besonders dann, wenn man alleine steht. Familienmitglieder und Tierarzt sind oft nicht bereit, sich mit Ihnen und der Erkrankung Ihrer Katze auseinanderzusetzen. In diesen Fällen sollten Sie sich nur auf Ihre Katze konzentrieren. Besorgen Sie sich alles, was für die Genesung wichtig sein kann. Sogenannte „Laien" wissen oft mehr über eine bestimmte Krankheit als der Tierarzt selbst. Das liegt daran, daß der Tierbesitzer sich ausschließlich und besonders gründlich mit dieser einen Krankheit beschäftigt. So kommt es zu Anregungen, die die Genesung des Tieres begünstigen können. Resignation und die Aufgabe der Katze helfen nicht. Rat finden Sie auch bei Katzenfreunden, die sich in Gruppen zusammengeschlossen haben, gleichviel, ob es sich um auf Katzen spezialisierte Tierschutzgruppen oder Katzenzüchter handelt.

## Pflege kranker Katzen

Auch wenn Krankenpflege nicht eigentliche Erste Hilfe ist, so ist die richtige Pflege bei vielen Erkrankungen wichtig, um Schäden zu vermeiden und den Krankheitsverlauf zu mildern.

Die Diagnose stellt immer der Tierarzt. Er wird auch die erforderliche Behandlungsmethode festlegen und Ihnen sagen, wie Sie die Katze optimal pflegen müssen. Entscheidend ist in schweren Fällen: Sind Sie bereit, Mühe, Zeit und Geld zu investieren, um eine sorgfältige, fachgerechte Pflege zu gewährleisten und auch über einen längeren Zeitraum durchzuhalten? Sind Sie nicht dazu bereit oder damit überfordert, oder ist es aus anderen Gründen nicht möglich, sollten Sie über eine stationäre Aufnahme in einer Tierklinik nachdenken. Allerdings wird jedes Tier in seiner gewohnten Umgebung schneller gesund werden.

Bei einer stationären Aufnahme gilt: fragen Sie täglich nach dem Befinden der Katze, auch wenn Sie dort lästig sind. Besuchen Sie die Katze, wenn es diese nicht zu traurig macht, aber geben Sie auf jeden Fall dem Tierarzt und dem Pflegepersonal das Gefühl, daß Sie an der Gesundheit der Katze interessiert sind. Ihre Präsenz beeinflußt die Behandlung Ihrer Katze positiv. Sprechen Sie alles aus, was Sie für die Gesundung Ihrer Katze für sinnvoll halten. Auch wenn Sie ein herablassendes, mitleidiges Lächeln ernten, manchmal hat der Tierarzt anschließend eine ›Idee‹, für eine weitere Behandlung, die dann zum Erfolg führt.

Wenn Sie die Katze zu Hause pflegen, bereiten Sie ihr ein ruhiges, warmes, sauberes Plätzchen. Ganz in die Nähe stellen Sie eine Katzentoilette und auf die andere Seite Wasser und Futter (je nach Krankheit). Das Plätzchen sollte schnell und leicht zu reinigen sein. Dazu eignen sich gut Pappkartons, die Sie täglich wechseln und wegwerfen können. So verringern Sie die Reinfektion. Die Tücher werden auch täglich gewechselt, und wenn die Katze sich häufiger beschmutzt auch mehrmals täglich.

Kranke Tiere können sich oft nicht alleine putzen. Besonders Katzen leiden sehr, wenn sie ein schmutziges, verklebtes Fell haben. In diesem Fall müssen Sie diese Aufgabe übernehmen. Sie sollten aber nicht übertreiben, indem Sie die Katze täglich baden. Das belastet die Katze und schadet mehr, als es nützt.

Verabreichen Sie die Medikamente genau nach Anweisung des Tierarztes. Sie haben eine bestimmte Wirkungsdauer, und die wirksame Dosierung und der richtige Medikamentenspiegel müssen gewährleistet sein.

Bei Untertemperatur müssen Sie die Körpertemperatur wieder steigern. Legen Sie dazu die Katze auf ein Heizkissen, darüber ein Handtuch und stellen Sie es auf Stufe I. Decken Sie die Katze dann so zu, daß kein Wärmestau entsteht. Beispielsweise wird ein Handtuch oben auf den Karton gelegt, dabei wird ein Spalt freigelassen. So bekommt die Katze ausreichend Luft, und die überschüssige Wärme kann abziehen. Es ist sehr wichtig, die Temperatur ganz langsam zu steigern, damit der Körper mit der Erwärmung fertig werden kann.

Wenn die Katze stark ausgetrocknet ist, sorgen Sie für ausreichende Flüssigkeitsaufnahme. Lassen Sie auf jeden Fall vom Tierarzt Infusionen geben. So müssen Sie nicht so viel Flüssigkeit eingeben und die Katze damit zusätzlich belasten. Ist kein Erbrechen vorhanden, bieten Sie der Katze stündlich sehr dünnflüssige Nahrung oder auch Flüssigkeit (Fleischbrühe, Fischsud oder Oralpädon) an oder geben Sie 5 ml ein. Die Eingabe ist wichtig, damit die Tätigkeit des Magen-Darmtraktes nicht eingestellt wird. Wenn die Katze durch die Eingabe zu stark angestrengt wird, können Sie die Menge reduzieren und alle 20 Minuten nur so wenig eingeben, daß es der Katze fast nichts ausmacht. Oft hilft es schon, wenn Sie alle 20 Minuten mit einem mit Fleischbrühe oder Oralpädon angefeuchteten Finger zwei bis dreimal vorsichtig das Zahnfleisch bestreichen.

*Eine kranke Katze benötigt vor allem Ruhe.*

Gönnen Sie der kranken Katze aber auch Ruhe. Lassen Sie sie nachts mehrere Stunden schlafen. Sie können zwar regelmäßig nach ihr sehen, aber die Katze braucht diese Zeit, um wieder gesund zu werden. Der Magen muß die eingegebenen Nahrungsmittel und die Flüssigkeit verarbeiten. Auch im Laufe des Tages gönnen Sie der Katze eine längere Ruhepause.

Alle pflegerischen Maßnahmen sollten Sie nur dann vornehmen, wenn sie erforderlich sind. Wenn die Katze genug frißt und Flüssigkeit aufnimmt, können Sie zwar häufiger Futter anbieten, sollten aber nicht noch zusätzlich etwas eingeben. Zuviel Pflege kann auch belasten.

Neben den medizinisch notwendigen pflegerischen Maßnahmen ist die Zuwendung sehr wichtig. Diese sollte die Katze in dem Maße erhalten, wie sie es wünscht. Einige Katzen möchten während einer Krankheit viel gestreichelt werden, andere möchten lieber ruhig auf ihrem Plätzchen liegen. Diese Wünsche sollten Sie weitgehend berücksichtigen, da körperliches und seelisches Wohlbefinden die Zeit der Krankheit deutlich erleichtern kann.

Oft sucht die Katze auch die Zuwendung anderer Tiere. Handelt es sich nicht um eine ansteckende Krankheit, sollten Sie dies unterstützen. Tiere sind ausgezeichnete Krankenpfleger. Katzen mit ansteckenden Krankheiten müssen allerdings isoliert werden, um die anderen Tiere zu schützen.

Eine Situation allerdings erfordert Ihre ganze Kraft und Zuwendung – wenn die Katze sich aufgibt. Das passiert häufiger, als man denkt. Die Katze zieht sich in sich selbst zurück und macht keine Anstalten mehr, am Leben teilzunehmen. Trotz optimaler medizinischer Betreuung und auch guter Heilungschancen beschließt die Katze zu sterben. In diesem Fall müssen Sie als Katzenbesitzer und Bezugsperson der Katze neuen Lebensmut geben. Nehmen Sie die Katze in den Arm und übertragen Sie Ihre Kraft und Ihren Glauben an die Gesundung der Katze auf das Tier. Das müssen Sie solange machen, bis sie wieder Lebensmut bekommt. Sie dürfen auf keinen Fall aufgeben. Viele Katzen gesunden nur durch die Kraft, die sie von ihrem Besitzer bekommen, und leben anschließend noch jahrelang gesund und glücklich. Lassen Sie sich nicht durch Äußerungen verunsichern wie: »Für eine Katze lohnt es sich nicht, ich würde das Tier einschläfern lassen!« Auch Ihre Katze hat ein Recht auf eine Chance. Wohlgemerkt, dies gilt nicht für von vornherein aussichtslose Fälle, beispielsweise FIP im Endstadium.

Verwöhnen Sie Ihre Katze ruhig während einer Krankheit. Wer sich wohlfühlt, hat mehr Lebensfreude und wird schneller gesund. Im Laufe der Zeit wird die Katze auch wieder ihr normales Verhalten zeigen und das übliche Futter fressen.

## Zwangsfütterung

Wenn die Katze die Nahrung über einen längeren Zeitraum verweigert, muß möglicherweise zwangsweise Nahrung eingegeben werden, damit sie nicht zu stark geschwächt wird. Sonst kann es passieren, daß eine Katze zwar eine Krankheit übersteht, aber an Schwäche stirbt, weil sie keine Nahrung und Flüssigkeit zu sich genommen hat. Natürlich schadet es einer ansonsten gesunden Katze nicht, wenn sie einmal ein bis zwei Tage die Nahrung verweigert. In schwierigen Fällen oder um die Katze nicht ständig zu belasten, kann man auch vom Tierarzt Infusionen geben lassen. Dies ist besonders gut bei Magen-Darmerkrankungen sowie bei Nierenerkrankungen. Durch die Inhaltsstoffe der Infusionslösung erhält die Katze alles, was sie zum Überleben braucht.

Viele Katzen bekommen sofort nach der Infusion Appetit. Bieten Sie also noch beim Tierarzt Futter

an, das Sie vorsorglich mitgenommen haben.
Einige Katzen wehren sich erfolgreich gegen alle Versuche, ihnen Nahrung einzugeben. Aber mit einigen Tricks können auch schwierige Kandidaten überlistet werden. Bei der Zwangsernährung liegt es an Ihnen, Ihrer Katze Nahrung einzugeben. Auch wenn es Ihre Nerven anstrengt und Sie Mitleid mit dem Tier haben, das Leben Ihrer Katze sollte es Ihnen wert sein.
Achten Sie darauf, daß Sie besonders bei Tieren mit Beeinträchtigungen im Hals- und Nasenbereich, wie beispielsweise Halsschmerzen oder Katzenschnupfen, die Nase nicht verstopfen und keine schleimenden, klebrigen Nahrungsmittel eingeben.
Am besten eignen sich kleine Fleischkügelchen und flüssige bis breiige Nahrung. Verwenden Sie möglichst nahrhafte Dinge, damit das Tier nicht so viel essen muß, achten Sie auf die Eingabe von genügend Flüssigkeit.
Bereiten Sie alles vor, damit die Zeit der Zwangsfütterung so kurz wie möglich gehalten werden kann. Bereiten Sie aus festen Nahrungsmitteln kleine Kügelchen in ausreichender Menge vor. Flüssige Nahrung füllen Sie in eine Spritze ohne Nadel ab.
Setzen Sie die Katze auf Ihren Schoß. Wenn sie sich stark wehrt, wickeln Sie sie in eine Decke oder in ein Handtuch ein (siehe Abb. unten). Dann nehmen Sie ein Kügelchen und schieben es vorsichtig in den Mundwinkel der

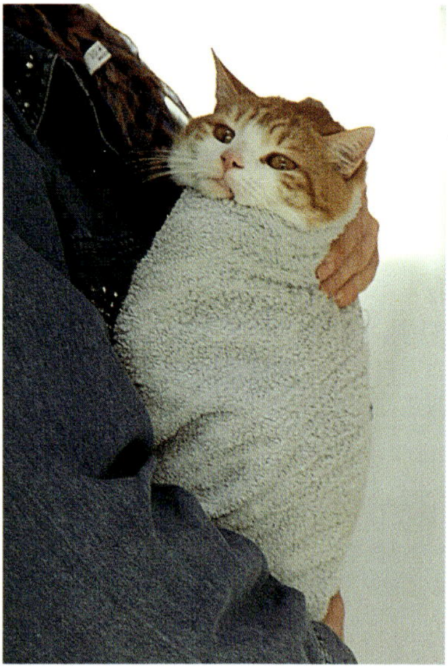

*In ein Handtuch eingewickelt, läßt sich der Katze leichter Futter eingeben.*

Katze. Wenn sie das Kügelchen wieder ausspucken will, halten Sie vorsichtig das Mäulchen zu, biegen den Kopf leicht nach hinten und streicheln unterm Kinn bis hinunter zum Brustansatz mehrfach hin und her. Dadurch wird der Schluckreflex ausgelöst und die Nahrung aufgenommen. Mit der flüssigen Nahrung verfahren Sie ähnlich. Setzen Sie die Spritze an den Mundwinkel,

schieben Sie sie etwas hinein und drücken dann ein wenig von der Flüssigkeit ins Mäulchen. Geben Sie immer nur kleine Mengen ein, damit keine Flüssigkeit in die Luftröhre gelangt. Auch wenn ein Teil der Flüssigkeit herausläuft, wird über die Schleimhäute und über den Magen etwas aufgenommen.
Geben Sie dem kranken Tier möglichst oft kleine Mengen ein, um den Körper nicht so stark zu belasten, aber auch, um die Körperfunktionen aufrechtzuerhalten. Die Zwangsfütterung kann auch ein Mittel sein, um der Katze wieder Appetit zu machen und die Funktionen wieder anzuregen. Oft fressen Katzen nach ein bis zwei Tagen Zwangsfütterung wieder selbst. Dies können Sie mit den Lieblingsspeisen noch zusätzlich unterstützen. Wenn Sie sich für die Zwangsfütterung entschieden haben, sollten Sie der Katze zusätzlich Futter anbieten, aber auch stundenweise das Futter aus dem Bereich entfernen, damit die Katze nicht durch den Geruch Ekel empfindet. Hier ist Ihr Gespür gefragt.

# Vorbeugen ist besser als behandeln

Vorbeugen ist immer besser, als Krankheiten zu behandeln oder seine Erste-Hilfe-Kenntnisse anwenden zu müssen. Bei einigen Erkrankungen, wie beispielsweise Katzenseuche, Katzenschnupfen, Tollwut, FIP oder Leukose, können Impfungen richtig sein, sie schützen die Katze vor Erkrankungen. Selbstverständlich werden nur gesunde Tiere geimpft.
Um einen wirksamen Impfschutz aufzubauen, sollte die Katze vorher von Ungeziefer, Würmern und anderen Darmparasiten befreit werden. Es gibt verschiedene Mittel in Form von Tabletten, Pasten oder Spritzen. Die richtigen Medikamente für die Entwurmung erhalten Sie beim Tierarzt. Er wird das Mittel auswählen, das für den entsprechenden Wurmbefall angezeigt ist. Wichtig ist, diese Behandlungen nach etwa zwei Wochen (genaue Angabe finden Sie im Packungsbeiprospekt) zu wiederholen. Teilweise wird eine Kotprobe untersucht, um genau festzustellen, welche Würmer oder andere Darmparasiten die Katze befallen haben. Oft wird aber auch breit gegen alle Würmer vorgegangen.
Die Bekämpfung von Flöhen wird mit Puder, Shampoo oder Spray vorgenommen. Heute gibt

es auch schon Mittel, die der Katze eingegeben werden. Viele dieser Mittel helfen auch gegen Läuse und andere Hautparasiten. Die Mittel gegen Flöhe wirken für unterschiedliche Zeiten. Anschließend beginnen Sie mit den entsprechenden Impfungen.

# Impfungen

Impfungen schützen die Katzen vor Infektionskrankheiten, für die sie besonders anfällig sind und die häufig zum Tode führen. Natürlich belastet eine Impfung das Tier, und es sollte also abgewogen werden, welche Impfungen Ihre Katze wirklich braucht. Wenn Ihnen eventuell geraten wird, daß Sie keine Impfungen für Ihre Katze brauchen, sollten Sie diesen Rat mit Vorsicht aufnehmen. Nicht alle Impfungen sind für jedes Tier angezeigt, aber fehlender Impfschutz bei den wichtigen Krankheiten kann schlimme Folgen haben, da die Behandlung oft die Kosten für jahrelange Impfungen weit übersteigt, das Tier aber trotzdem nicht gerettet werden kann. Der Tod des Tieres ist häufig sehr qualvoll. Die verschiedenen Impfungen dienen nicht nur dem Schutz der eigenen Katze, sondern helfen auch, die Krankheiten einzudämmen, da durch die geschützten Katzen weniger Tiere erkranken, die wiederum andere anstecken könnten. Auch wenn Krankheiten zurückzugehen scheinen, sollte man mit den wichtigen Impfungen nicht aufhören.

Die einzelnen Impfungen werden im Impfausweis eingetragen. Darin können Sie also immer nachlesen, welche Impfungen noch wirksam sind bzw. erneuert werden müssen. Der Impfausweis ist auch das Dokument, das Sie benötigen, wenn Sie mit Ihrer Katze ins Ausland fahren wollen. Die Bestimmungen für die Einreise in die einzelnen Länder sind unterschiedlich. Der Tierarzt berät Sie hierbei und nimmt die entsprechenden Impfungen vor.

### Katzenseuche

Die Impfung gegen Katzenseuche ist auch heute noch die wichtigste Impfung überhaupt, weil jährlich ungezählte Katzen an Katzenseuche sterben. Sie sollte deshalb auch die erste Impfung sein, da von der Katzenseuche eine große Gefahr ausgeht. Die erste Impfung erfolgt im Alter von 8 Wochen und wird nach etwa 4 Wochen wiederholt. Bei gefährdeten Tieren, beispielsweise wenn in deren Nähe Katzenseuche aufgetreten ist oder wenn sie häufig mit neuen Tieren zusammenkommen, kann man die jungen Katzen bereits im Alter von 4 Wochen mit einem Serum impfen, um einen kurzfristigen Impfschutz zu erreichen, der allerdings nicht die Impfung ersetzt und keine Garantie ist, daß das Tier nicht trotzdem erkrankt. Auch bei erwachsenen Katzen ist die Erstimpfung nach drei bis vier Wochen zu wiederholen, um einen besseren Impfschutz sicherzustellen. Danach wird die Impfung alle ein bis zwei Jahre (je nach verwendetem Impfstoff) aufgefrischt.

*Impfungen schützen die Katze vor Infektionskrankheiten.*

**Katzenschnupfen**

Der Impfstoff gegen Katzenschnupfen ist oft automatisch im Impfstoff gegen Katzenseuche enthalten (Kombinationsprodukte). Er hilft aber nicht gegen die normalen Erkältungskrankheiten, von denen auch unsere Katzen häufig befallen werden. Gegen Katzenschnupfen geimpfte Katzen können also durchaus an erkältungsbedingtem Schnupfen erkranken.

**Tollwut**

Auch wenn die Tollwut bei uns in Deutschland sehr zurückgegangen ist, sollten grundsätzlich alle Katzen, die freien Auslauf haben oder die unter Aufsicht in ländlicher Umgebung ins Freie dürfen, jährlich gegen Tollwut geimpft werden. Die erste Impfung erfolgt in der Regel mit der zweiten Impfung gegen Katzenseuche, wenn das Kätzchen zwölf Wochen alt ist. Bei früherer Impfung muß eine zweite Impfung folgen. Dies ist nicht nur ein Schutz für die Katze im Falle eines Kontaktes mit einem verdächtigen Tier, sondern schützt auch Sie und Ihre Katze, falls die Katze mit einem tollwütigen Tier Kontakt hat oder aber ein tollwütiges Tier in der Nähe aufgefunden wurde und Sie nicht sicher belegen können, daß Ihre Katze keinen Kontakt zu dem Tier hatte. Bei ungeimpften Tieren müssen Sie damit rechnen, daß das Veterinäramt die Tötung des Tieres anordnet. Katzen, die nur in der Wohnung gehalten werden, müssen nicht gegen Tollwut geimpft werden.

**Leukose**

Die Impfung gegen Leukose ist für alle Katzen wichtig, die Kontakt mit Artgenossen haben. Sie gilt inzwischen als sehr sicher. Lassen Sie vor der Impfung einen Leukosetest machen, um festzustellen, ob Ihre Katze bereits Leukoseträgerin ist. Bitten Sie den Tierarzt – um sicher zu sein – neben dem Test in der Praxis, den Test auch an ein dafür eingerichtetes Labor einzuschicken. Im Test negative Katzen lassen Sie anschließend gegen Leukose impfen. Die Impfung muß nach etwa vier Wochen wiederholt werden, anschließend wird sie einmal jährlich aufgefrischt. Die Impfung sollte nach den Impfungen gegen Katzenseuche, Katzenschnupfen und Tollwut erfolgen, um das Tier nicht zu stark zu belasten. In dringenden Fällen, wenn beispielsweise die Katze neu in eine Gruppe aufgenommen werden soll, kann bereits zwischen den anderen Impfungen mit der Leukoseimpfung begonnen werden. Wenn Sie Ihre Katze allein nur in der Wohnung halten, ist die Leukoseimpfung nicht erforderlich, aber welche Katze lebt schon gern allein?

**FIP**

Inzwischen ist es möglich, auch gegen FIP zu impfen. Wie bei der Leukose ist die Impfung wichtig für alle Katzen, die Kontakt mit anderen Katzen haben oder mit mehreren Katzen zusammenleben. Auch wenn der FIP-Test keine Sicherheit bietet, können Sie Ihre Katze testen lassen. Anschließend wird sie gegen FIP geimpft, die Impfung wird nach etwa vier Wochen wiederholt und dann jährlich aufgefrischt.

# Erste-Hilfe-Apotheke für Katzen

Jeder Katzenbesitzer sollte im Haus eine Erste-Hilfe-Apotheke haben, die auf die Bedürfnisse der Katze abgestimmt ist. Verwenden Sie dazu einen kleinen Koffer, der deutlich als Erste-Hilfe-Koffer für Katzen gekennzeichnet ist.
Der Erste-Hilfe-Koffer sollte immer alle erforderlichen Dinge in einwandfreiem Zustand enthalten und griffbereit sein. Teilen Sie allen Familienmitgliedern mit, wo der Koffer zu finden ist. Medikamente sind nach Ablauf des Verfalldatums zu ersetzen. Kontrollieren Sie ihn immer dann, wenn Sie Ihre Hausapotheke überprüfen.
Die angegebenen Dinge erhalten Sie in Apotheken, im Sanitätshaus und beim Tierarzt. Vieles

*Die Erste-Hilfe-Apotheke leistet im Notfall wertvolle Dienste.*

haben Sie wahrscheinlich sowieso im Haus, so daß keine großen Extrakosten entstehen. Die meisten Dinge können Sie viele Jahre verwenden. Vieles finden Sie auch in einem benutzten Erste-Hilfe-Kasten fürs Auto, den Sie durch einen neuen ersetzt haben.

**Allgemeine Ausrüstung**

* Latexhandschuhe, sogenannte Aidshandschuhe
* Arbeitshandschuhe
* Auflage aus Plastik, zusammenfaltbare Babyunterlage
* Einmalspritzen 5 ml, 20 ml (ohne Nadel)
* Feuerzeug
* Fieberthermometer, digital, ohne Glas und Quecksilber
* Liste mit Adressen und Telefonnummern von Tierarzt, Tierklinik und Tierschutzverein
* Nagelschere
* Pinzette
* Schere, spitz, mittelgroß
* Taschenlampe einschließlich funktionierender Batterien

**Verbandsmaterial**

* Klebeband
* Mullbinden (elastisch)
* Pflaster (Leukoplast)
* Verbandtuch 60 × 80 cm für Verbrennungen und großflächige Wunden
* Watte
* Wundauflagen (nicht klebend)

**Medikamente**

* Brandsalbe
* Crataegus
* Entwurmungsmittel
* Ipecacuanha
* Kamilloplant
* Kohle, medizinisch, für Vergiftungen
* Notfalltropfen (Bach-Blütentherapie)
* Nux vomica
* Nutrical oder CALO-PET
* Oralpädon
* Paraffinöl
* Ringerlösung
* Sab Simplex
* Teebaumöl
* Wund- und Heilsalbe

# Erste-Hilfe-Apotheke für den Urlaub

Einige Katzenbesitzer nehmen ihre Katze mit in den Urlaub. Genau wie beim Menschen, sollte dann eine Urlaubsapotheke mitgeführt werden, die die wichtigsten Medikamente enthält unter Berücksichtigung der besonderen Umstände der Ortsveränderung. Wenn Sie die Urlaubsapotheke sinnvoll gestalten, eignet

Sie sich auch als Notfallapotheke fürs Auto (Sie sollten dann allerdings die Medikamente bis auf Notfalltropfen weglassen). Wenn Sie Ihre Katze mit in Urlaub nehmen, sollten Sie, genau wie für die Familie, an den ersten Tagen klären, wo der nächste Arzt ist, in diesem Fall also der Tierarzt.

**Allgemeine Ausrüstung**

* Auflage aus Plastik, zusammenfaltbare Babyunterlage
* Einmalspritzen 5 ml (ohne Nadel)
* Fieberthermometer, digital, ohne Glas und Quecksilber
* Pinzette
* Schere, spitz, mittelgroß
* Taschenlampe einschließlich funktionierender Batterien

**Verbandsmaterial**

* im Erste-Hilfe-Kasten bereits enthalten
* Wundauflagen (nicht klebend)

**Medikamente**

* Brandsalbe
* Crataegus
* Kamilloplant
* Kohle, medizinisch
* Notfalltropfen (Bach-Blütentherapie)
* Nux vomica
* Nutrical oder CALO-PET
* Oralpädon
* Ringerlösung
* Sab Simplex
* Teebaumöl
* Wund- und Heilsalbe

# Die verschiedenen Behandlungsmethoden

Die Tiermedizin, und hier auch in großem Maße die Tiermedizin im Haustierbereich, hat in den letzten Jahrzehnten große Fortschritte gemacht. Neben der Schulmedizin haben sich auch die Naturheilweisen zur Behandlung unserer Haustiere etabliert. Entscheidend für die Entwicklungen in der Tiermedizin ist zudem die veränderte Einstellung der Tierbesitzer, die heute bereit sind, die Kosten für erforderliche Behandlungen zu tragen und besonders Katzen nicht mehr nur als Mäusefänger ohne weiteren Nutzwert betrachten.

Nicht jede Behandlungsmethode ist für jeden Fall gleichermaßen geeignet. Die richtige Auswahl der Methode und der Medikamente beeinflussen den Erfolg maßgeblich. Wenn bei jeder kleinen Unpäßlichkeit ein Breitbandantibiotikum gespritzt wird, muß man sich nicht wundern, wenn es im Ernstfall versagt. Bei bakteriellen Infektionen aber rettet es oft das Leben der Katze.

Besonders in der Ersten Hilfe ist die sofortige Wirkung häufig entscheidend über Leben und Tod. Sehr langsam wirkende Medikamente und langfristige Therapien werden erst nach der endgültigen Diagnose zur weiteren Behandlung und Genesung eingesetzt.

## Die Schulmedizin

Die Schulmedizin ist die Behandlungsform, die von den meisten Tierärzten angewendet wird. Sie umfaßt sowohl die Behandlung mit Medikamenten als auch Operationen und vieles mehr. Der Einsatz von Antibiotika und Cortison sollte heute nicht mehr unkritisch vorgenommen werden, leider spritzen immer noch einige Tierärzte ein Breitbandantibiotikum, ohne vorher eine genaue Diagnose zu stellen. Richtig angewendet und mit der Auswahl der entsprechenden Medikamente hat die Schulmedizin eine große Bedeutung für unsere Katzen. Durch die Entwicklung der Schulmedizin in der Tiermedizin ist die Lebenserwartung unserer Hauskatzen deutlich gestiegen. In der Ersten Hilfe ist die Schulmedizin – wenn der Tierarzt schnell genug zur Stelle ist – oft lebensrettend dank Schockbehandlung, Herz-Kreislaufstärkung, Wiederbelebung und Notoperationen.

## Homöopathie

Homöopathie ist eine Erfahrungsheilkunde. Mit Wirksubstanzen in kleinsten Konzentrationen werden Krankheiten behandelt. Die Heilerfolge sind in vielen Fällen überraschend, besonders deshalb, weil unsere Katzen bei der Einnahme der Medikamente keine positive Einstellung zur Homöopathie haben. Die Wirkung beruht also tatsächlich auf den Medikamenten und resultiert nicht aus dem Glauben heraus, Homöopathie könne heilen. Wichtig ist die richtige Auswahl des Mittels, da nur dann eine positive Beeinflussung der Erkrankung erzielt werden kann. Dazu gehört, daß der Katzenbesitzer sein Tier genau beobachtet und diese Beobachtungen dem Tierarzt oder Tierheilpraktiker mitteilt. Große Bedeutung nimmt die Homöopathie im Bereich der Stärkung der körpereigenen Abwehrkräfte ein.

In der Ersten Hilfe werden hauptsächlich die kreislaufstärkenden Mittel sowie heilende Salben eingesetzt.

## Bach-Blütentherapie

In der Bach-Blütentherapie werden Essenzen aus verschiedenen Blüten verwendet. Die Bach-Blütentropfen wirken auf die Seele der Tiere. Es ist also besonders wichtig, die Tiere genau zu beobachten, um eine optimale Wirkung zu erzielen. Bei allen Erkrankungen, die mit von der Psyche beeinflußt werden, aber auch, um die Seele zu stärken, damit der Körper die Krankheit besser überwinden kann, sind Bach-Blütentropfen angezeigt. In der Ersten Hilfe tun die Bach-Blütentropfen gute Dienste, weil sie die Katze stabilisieren und ihr über die erste Streßphase hinweghelfen.

Die Bach-Blütentherapie wird noch nicht sehr lange in der Tiermedizin angewendet. Hauptsächlich wird sie von Tierheilpraktikern eingesetzt.

## Aromatherapie

In der Aromatherapie werden ätherische Öle aus Pflanzen, Pflanzenteilen und Blüten eingesetzt.
Die Aromatherapie ist auch gut zur Behandlung von Katzen geeignet, da sie mit ihren sensiblen Sinnen gut auf die ätherischen Öle reagieren. Durch die Vielzahl der ätherischen Öle ist es möglich, eine Vielzahl von Krankheiten zu heilen oder zumindest positiv zu beeinflussen. Besonders gute Wirkung zeigt die Aromatherapie bei Erkrankungen der oberen Atemwege. In der Ersten Hilfe wirken sie besonders gut bei Schocksituationen, Atemnot und bei kleineren Verletzungen.

## Massage

Massage wird heute bei Katzen häufiger eingesetzt. Sie beeinflußt allerdings mehr die chronischen Erkrankungen oder unterstützt die Heilung von Verletzungen. In der Ersten Hilfe ist die Massage nicht angezeigt, weil ohne vorherige genaue Diagnose weitere Schäden nicht auszuschließen sind.

## Akupunktur und Akupressur

Inzwischen werden diese Behandlungsmethoden auch bei Katzen angewandt, für die Erste Hilfe hat die Akupunktur keine Bedeutung, mit den richtigen Griffen kann die Akupressur Leben retten, sollte aber nur von erfahrenen Menschen angewendet werden, damit keine weiteren Schäden entstehen.

## Pendeln und Messungen von Schwingungen

Daß Menschen und Tiere auf Schwingungen und elektromagnetische Felder reagieren, steht außer Zweifel. Diese Tatsache wird besonders deutlich bei Wetterumschwüngen, Unwohlsein bei Benutzung elektrischer Geräte usw. Trotzdem sollte der teilweise angewendeten Methode, eine Diagnose mit Pendel oder Messung von Schwingungen zu stellen, mit Vorsicht begegnet werden. Sicher können diese Dinge – auch die Kinesiotherapie (Heilen durch Bewegung) – bei der Diagnose hilfreich sein, können aber auf keinen Fall Blutuntersuchungen und Röntgenaufnahmen ersetzen.

Für die Erste Hilfe haben diese Methoden wenig Wert, da die erforderlichen Geräte nicht zur Hand sind. Die Kinesiotherapie beherrschen die meisten Menschen, die im Notfall Erste Hilfe leisten müssen, nicht, auch ist sie in den meisten Fällen nicht unbedingt hilfreich.
Immer mehr Behandlungsmethoden aus der Humanmedizin werden auch bei Haustieren eingesetzt. Oft haben sie keine große Bedeutung im normalen Praxisalltag, in schwierigen Fällen lohnt es aber, sich einmal ausführlich über andere Behandlungsmöglichkeiten zu informieren.

## Mit diesen Medikamenten sollten Sie vorsichtig sein

Katzen reagieren auf viele Medikamente mit Unverträglichkeit, Spätschäden oder auch mit dem Tod, weil sie weitaus empfindlicher sind als Menschen und andere Tiere. Deshalb muß man bei der Auswahl der Medikamente besonders vorsichtig sein und abwägen, ob der Nutzen die Risiken und Nebenwirkungen aufwiegt. Diskutieren Sie im Zweifelsfall mit dem Arzt, ob das Medikament sinnvoll ist.

### Schmerzmittel

Katzen reagieren besonders auf Schmerzmittel sehr empfindlich. Aspirin, vom Menschen vielfach eingenommen, sollte bei Katzen nicht angewendet werden. Die Reaktion auf Schmerzmedikamente macht es sehr schwer, bei Erkrankungen, Verletzungen und Operationen die Katze schmerzfrei zu halten. Wenn der Tierarzt also weitgehend darauf verzichtet, einer Katze Medikamente gegen Schmerzen zu geben, so ist das oft begründet, da die Nebenwirkungen Gefahren bringen könnten, die dann schlimmer sind als die Schmerzen während der Krankheit und der Behandlung selbst.

### Narkosemittel

Auch mit Narkosemitteln gibt es bei Katzen Probleme. Wenn der Katzenbesitzer dabei bleibt, bis seine Katze eingeschlafen ist, stellt er manchmal fest, daß die Katze anfängt zu zucken und versucht, taumelnd wegzulaufen. Auch nachträgliche Narkoseschäden, beispielsweise Lähmungserscheinungen am Unterkiefer, können in seltenen Fällen auftreten. Ist dies bei Ihrer Katze passiert, fragen Sie nach, welches Mittel der Tierarzt benutzt hat. Im Fall einer erneuten Narkose müssen Sie den Tierarzt unbedingt auf die Probleme und das Medikament hinweisen. Sinnvoll ist, im Falle einer erforderlichen Narkose alle Dinge vornehmen zu lassen, die ohne Narkose nicht oder nur schlecht zu machen sind. So sollte beispielsweise jedesmal die Kontrolle und Behandlung der Zähne und der Ohren dazugehören, bei der ersten Narkose (meist anläßlich der Kastration), die Katze gleichzeitig tätowiert werden.

### Antibiotika

Auch gegen Antibiotika reagieren einige Katzen mit Überempfindlichkeit. Hier ist im Zweifelsfall auf ein anderes Medikament umzustellen oder abzuwägen, ob die Nebenwirkungen akzeptabel sind.

### Durchfallmedikamente

Wenn kleine Katzen Durchfall haben oder dieser bei großen Katzen nicht in den Griff zu bekommen ist, wird oft ein Medikament gespritzt, das den Darm beruhigen und entkrampfen soll. Einige Katzen reagieren mit Vergiftungserscheinungen darauf. Sie bekommen motorische Störungen, werden aphatisch, und das dritte Augenlid fällt vor. Fahren Sie sofort zum Tierarzt, der ein Gegenmittel spritzen muß. In schweren Fällen kann das Tier daran sterben.
Versuchen Sie also immer zuerst, mit etwas mehr Mühe und Arbeit, aber schonender, den Durchfall mit Diät und anschließender Schonkost zu behandeln. Vielfach hilft bereits eine gründliche Entwurmung.

### Wechselwirkungen mit anderen Medikamenten

Einige Medikamente beeinflussen sich gegenseitig und können die Wirkung abschwächen oder verstärken. Dadurch tritt dann die angestrebte Wirkung nicht oder anders als gewünscht auf. Geben Sie also auf keinen Fall zusätzlich zu den Medikamenten des Tierarztes weitere Medikamente ein, von denen Sie nicht wissen, welche Wirkung mit den bereits verabreichten Mitteln zu erwarten ist. Fragen Sie vorher Ihren Tierarzt.
Bevor Sie also einer Katze Medikamente eingeben, sprechen Sie auf jeden Fall mit Ihrem Tierarzt, ob sie für Katzen geeignet sind. Medikamente für Menschen haben vielfach eine für Katzen viel zu hohe Wirkstoffkonzentration. Auch wenn der Wirkstoff an sich bei Katzen angewendet werden kann, ist die unkritische Gabe von für Menschen entwickelten Tabletten bei Katzen oft schädlich.

## Ist Erste Hilfe immer ungefährlich?

Selbstverständlich ist jede Art der Behandlung auch mit Risiken verbunden. Nicht immer kann man so schnell, wie es nötig wäre, die Situation richtig einschätzen und sich für die richtigen Maßnahmen entscheiden. Es können auch Probleme, wie beispielsweise Vorerkrankungen, vorhanden sein, die der Ersthelfer gar nicht erkennen kann. Trotzdem ist es in für die Katze lebensbedrohlichen Situationen besser, Erste Hilfe zu leisten.
Der Mensch selbst begibt sich meist nur dann in Gefahr, wenn er das Tier in einer Gefahrenzone – Straße – behandelt, ohne auf den Verkehr zu achten. Kratz- und Bißverletzungen sind selten und nur in absoluten Ausnahmefällen gefährlich.
Die in diesem Buch gegebenen Ratschläge und Tips sind nach den Regeln der Ersten Hilfe auf den Körper und die Bedürfnisse der Katzen abgestimmt. Natürlich können die Autoren nicht jede auftretende Situation beurteilen, da viele Faktoren zusammenkommen und jede Verletzung individuell entsteht. So kann keine Garantie für den Einzelfall übernommen werden.

# Schnelle ärztliche Hilfe

Die nachfolgenden Angaben helfen Ihnen im Notfall, schnell Hilfe zu organisieren. Tragen Sie deshalb die Daten unbedingt ein. Im Ernstfall ist man nervös und findet die nötigen Daten nicht, besonders, wenn man sie nur selten braucht oder noch nie gebraucht hat.
Tragen Sie immer die nächsten Adressen ein und zusätzlich auch die Adresse Ihres Tierarztes, wenn dieser weiter entfernt ist.

| | | | |
|---|---|---|---|
| **Tierarzt 1, Name:** | .............. | **Tierarzt 2, Name:** | ................ |
| Straße: | .............. | | ................ |
| Wohnort: | .............. | | ................ |
| Telefonnummer: | .............. | | ................ |
| Autotelefon: | .............. | | ................ |
| Sprechzeiten: | .............. | | ................ |
| **Nächste Tierklinik:** | .............. | | |
| Straße: | .............. | | |
| Wohnort: | .............. | | |
| Telefon: | .............. | | |
| Sprechzeiten: | .............. | | |
| **Tierschutzverein:** | .............. | | |
| Straße: | .............. | | |
| Wohnort: | .............. | | |
| Telefon: | .............. | | |
| Tiernotruf: | .............. | | |

Weitere Adressen von Menschen, die Tieren helfen können (zum Beispiel private Katzenhilfsorganisationen oder Katzenschützer), die Adressen erhalten Sie beim Tierarzt, Tierschutzverein, aus der Zeitung oder von anderen Katzenfreunden:

..............................................................................

..............................................................................

..............................................................................

..............................................................................

# Medikamentenliste

In diesem Kapitel sind die Medikamente aufgeführt, die Katzen auch von Ersthelfern verabreicht werden können. Beispiele sind die Notfalltropfen der Bach-Blütentherapie oder homöopathische Medikamente. Bei den angegebenen Medikamenten handelt es sich um eine Auswahl, mit denen gute Erfolge erzielt werden. Teilweise wird der Tierarzt oder Tierheilpraktiker andere Medikamente mit ähnlicher Wirkung empfehlen. Auch diese können Sie dann einsetzen.

Die Dosierung finden Sie in den entsprechenden Kapiteln oder im Packungsbeiprospekt. Wenn der Tierarzt Ihrer Katze Medikamente verordnet, wird er Ihnen auch die richtige Dosierung für den speziellen Fall mitteilen.

**Anisöl** (ätherisches Öl) wird eingesetzt bei Erkältungskrankheiten und zur Beruhigung der Nasenschleimhäute. Es wird in der Duftlampe verwendet, oft in Kombination mit Fenchelöl, Salbeiöl und Teebaumöl.

**Bach-Blütentropfen** (Notfalltropfen), sie wirken auf die Psyche der Katzen. Um eine optimale Wirkung zu erzielen, ist die Auswahl der richtigen Blüten sehr wichtig. Bei Schockzuständen, Herz-Kreislaufproblemen und ähnlichem helfen die Notfalltropfen (Rescue-Tropfen), bei Verletzungen die Notfallsalbe. Die Notfallmedikamente enthalten Clematis, Cherry Plum, Impatiens, Rock Rose und Star of Bethlehem und sind in Apotheken, beim Tierarzt und beim Tierheilpraktiker erhältlich.

**Boviserin,** Rinderserum, wird bei Magen-Darmerkrankungen, Mangelerscheinungen und Rekonvaleszenz gegeben. Es ist gut verträglich und wird von vielen Katzen gerne getrunken. Da es flüssig ist, wird es auch von Katzen genommen, die Katzenschnupfen, Halsschmerzen oder Probleme im Mund-Rachenraum haben. Es ist deshalb leichter zu verabreichen als pastöse Nahrungsmittelkonzentrate. Ein Problem ist die kurze Haltbarkeit nach Anbruch (nur 1–2 Tage).

**CALO-PET** ist ein pastöses Nahrungsmittelkonzentrat und wird bei Magen-Darmerkrankungen, Mangelerscheinungen, trächtigen und säugenden Katzen und zur Rekonvaleszenz gegeben. Es ist gut verträglich, wird von vielen Katzen gerne genommen und kann auch über einen längeren Zeitraum gegeben werden. Da bereits eine kleine Menge reicht, den Tagesbedarf der Katze zu decken, ist es einfach zu verabreichen, besonders bei Nahrungsmittelverweigerung und angegriffenem Magen-Darmtrakt, im letzten Fall eignet sich allerdings das flüssige Boviserin besser.

**Caulophyllum D 12** (Frauenwurzel) wirkt auf den Uterusbereich. Es wird eingesetzt, um die Wehentätigkeit positiv zu beeinflussen.

**Crataegus Urtinktur** (Weißdorn) hilft bei Herz-Kreislaufproblemen, Wetterfühligkeit und bei Schockzuständen. Es stabilisiert den Kreislauf und bringt schnell eine Besserung des Befindens, sichtbar daran, daß die Schleimhäute nicht mehr so blaß sind.

**China-Homaccord® S** (China = Chinarindenbaum): eine Kombination aus verschiedenen China Potenzen und Sepia, stärkt die Abwehrkräfte und ist sinnvoll bei allen Erkrankungen und während der Rekonvaleszenz. Besonders gut wirkt es zusammen mit Engystol.

**Echinacea** (Schmalblättrige Kegelblume), erhältlich in verschiedenen Darreichungsformen, stärkt die Abwehrkräfte und kann vorbeugend, aber auch bei Erkrankungen und Rekonvaleszenz gegeben werden.

**Engystol ad us. vet** (Kombinationspräparat aus Vincetoxicum und Sulfur), es handelt sich hierbei um ein homöopathisches Medikament zur Stärkung der körpereigenen Abwehrkräfte. Sie können es unterstützend bei allen Krankheiten geben. Zusammen mit Traumeel-Ampullen hilft es bei entzündlichen Vorgängen im Körper. Es kann subkutan, intramuskulär und intravenös verabreicht werden, für den Katzenbesitzer wird die Anwendung der Eingabe richtig sein. Bei Schwächezuständen oder Ansteckungsgefahr geben Sie ein- bis zweimal wöchentlich 1 Ampulle Engystol ins Futter.

**Fenchelöl** (ätherisches Öl) wird eingesetzt bei Erkältungskrankheiten. Es wirkt beruhigend auf die Nasenschleimhäute.

**Ipecacuanha D 6** (Brechwurzel) hilft bei Magen-Darmerkrankungen, Erbrechen, Koliken und Erkältungserkrankungen.

**Kamilloplant** ist eine Lösung zum Auftragen auf Wunden und Entzündungen der Haut. Wegen seiner desinfizierenden und heilenden Wirkung ist es auch zur Säuberung von Wunden geeignet.

**Katzenaufzuchtsmilch** (Gimpet cat-milk) eignet sich zur Aufzucht junger Katzen ohne Mutter, als Zusatzfutter und für die säugende Katze (in kleiner Menge).

**Kohlekompretten** werden bei Vergiftungen eingesetzt, um die Giftstoffe zu binden.

**Mucosa compositum** (Kombinationspräparat aus verschiedenen homöopathischen Mitteln) wirkt abwehrstärkend auf die Schleimhäute und ableitenden Harnwege. Es wirkt unterstützend bei allen Magen-Darmerkrankungen und Erkältungserkrankungen.

**Myristica sebifera D 12,** bei Abszessen auch »homöopathisches Messer« genannt, wirkt entzündungshemmend und ist bei eitrigen Entzündungen angezeigt. Es kann zusammen mit Echinacea eingesetzt werden.

**Notfalltropfen/Rescue,** siehe Bach-Blütentropfen

**Nutrical** (wirkt wie CALO-PET)

**Nux vomica D 6** (Brechnuß): Magen- und Darmmittel, wirkt bei Magen-Darminfektionen, Blähungen, Koliken, Erbrechen, gut auch bei Erbrechen von unverdautem Futter gleich nach der Nahrungsaufnahme und bei Appetitmangel. Nux vomica erhalten Sie als Tabletten, Globuli oder Tropfen.

**Oralpädon®,** eine Elektrolyt-Glucose-Mischung wird bei Magen-Darmerkrankungen eingegeben, um den Elektrolythaushalt wiederaufzubauen.

**Perenterol®**-Kapseln werden bei Durchfallerkrankungen verschiedener Ursachen eingesetzt, zum Beispiel auch, wenn der Durchfall auf eine Antibiotikabehandlung zurückzuführen ist.

**Pulsatilla D 6** (Wiesenküchenschelle), ein Mittel für ängstliche, verzagte Katzen. Es ist angezeigt bei Erbrechen und Erkältungserkrankungen. Außerdem wirkt es auf die Schleimhäute.

**Ringerlösung** wird gegeben, um fehlende Körperflüssigkeit mengenmäßig wieder auszugleichen. Sie wird nur steril verwendet und kann auch zum Spülen starkverschmutzter Wunden oder Abszesse benutzt werden.

**Rosmarinöl** (ätherisches Öl) wird unterstützend bei Erkältungserkrankungen und Herz-Kreislaufbeschwerden eingesetzt.

**sab simplex®** wird eingesetzt bei Blähungen und Völlegefühl. Durch die Veränderung der Oberflächenspannung werden im Magen und Darm befindliche Bläschen aufgelöst.

**Salbeiöl** (ätherisches Öl) wird eingesetzt bei Erkältungskrankheiten. Es wirkt beruhigend und heilend auf die Nasenschleimhäute.

**Sulfur D 12** (Schwefel) eignet sich zur Entgiftung, in Potenz D 30 ist es besonders geeignet gegen Flöhe. Bei Erkrankungen der inneren Organe, die Einfluß auf die Haut haben, ist Sulfur oft ein hilfreiches Mittel.

**Tanalbin®** wirkt bei Durchfallerkrankungen, besonders in bezug auf

Ernährungsumstellung. Es ist deshalb auch für junge Katzen geeignet, die das angebotene Futter nicht vertragen.

**Teebaumöl tea tree,** ist ein vielseitig einsetzbares ätherisches Öl. Es wirkt entzündungshemmend und kann, da es nicht brennt, auch konzentriert auf kleine Wunden aufgetragen werden. Außerdem eignet es sich zur Behandlung von Erkältungserkrankungen, zur Desinfektion und zur Behandlung von Schocksituationen. Es gibt im Handel viele Produkte mit Teebaumöl als Wirkstoff, die Sie auch gut einsetzen können.

**Traumeel® S** Wund- und Heilsalbe ist eine homöopathische Salbe, bestehend aus einer neutralen Salbengrundlage in Verbindung mit in homöopathischen Potenzen heilender und entzündungshemmender Stoffe wie beispielsweise Arnica, Calendula und Chamomilla. Sie eignet sich zur Behandlung kleiner Wunden aller Art.

**Traumeel®-Tabletten** helfen bei entzündlichen Vorgängen im Körper. Verletzungen der Haut werden von innen heraus abgeheilt. Sie können Traumeel also bei allen Verletzungen und Entzündungen zusätzlich zur Therapie geben.

# Sachregister

# Literaturverzeichnis

Bader, Hermann (Herausgeber), Lehrbuch der Pharmakologie und Toxikologie, edition medizin der Verlag Chemie GmbH, Weinheim 1983

Blome, Dr. med. Götz, Mit Blumen heilen, Die Blütentherapie nach Dr. Bach, Bauer Verlag, Freiburg, 2. Auflage, 1986

Edelmann, Renate, Mit Bach-Blüten unsere Haustiere heilen, Ansata Verlag, Interlaken, 1990

Hawcroft, Tim, Erste Hilfe für Katzen, Kynos Verlag, Mürlenbach/Eifel, 1995

Homöopathisches Repetitorium, Deutsche Homöopathie-Union, Karlsruhe, 1990

Kraft, W. u. Dürr, U. M. (Herausgeber), Katzenkrankheiten, Klinik und Therapie, Schaper Verlag, Alfeld, 3. Auflage, 1991

Lindenberg, Anne, Bach-Blütentherapie für Haustiere, Econ Verlag, Düsseldorf, 1988

Macleod, George, Homöopathischer Ratgeber Katzen, BLV Verlag, München, 1992

Stauffer, Karl, Homöopathie, Johannes Sonntag Verlag, Regensburg, 1982

Stauffer, Karl, Klinische Homöopathie, Arzneimittellehre, Johannes Sonntag Verlag, Regensburg, 9. Auflage, 1984

Stauffer, Karl, Symptomen-Verzeichnis, Johannes Sonntag Verlag, Regensburg, 7. Auflage, 1981

Waniorek, Linda, Aromatherapie für Katzen, Müller Rüschlikon Verlag, Cham, 1995

Waniorek, Linda u. Axel, Teebaumöl, mvg-verlag, Landsberg, 3. Auflage 1997

Wolff, H. G., Unsere Katze gesund durch Homöopathie, Sonntag Verlagsbuchhandlung, Regensburg, 1983

Wolter, H. (Herausgeber), Homöopathie für Tierärzte, Teil 1 und 2, Schlütersche Verlagsanstalt, Hannover, 1980

Wolter, H., Klinische Homöopathie in der Veterinärmedizin, Haug Verlag, Heidelberg, 2. Auflage, 1981